RENÉ GIRARD

Realizações
Editora

Impresso no Brasil,
agosto de 2011

Título original: *Le Sacrifice*
Copyright © 2010 by
René Girard. Todos os
direitos reservados.

Os direitos desta edição
pertencem a
É Realizações Editora,
Livraria e Distrib. Ltda.
Caixa Postal: 45321
cep: 04010 970
São Paulo, SP, Brasil
Telefax: (5511) 5572 5363
e@erealizacoes.com.br
www.erealizacoes.com.br

Editor
Edson Manoel de Oliveira Filho

Coordenador da
Biblioteca René Girard
João Cezar de Castro Rocha

Assistentes editoriais
Gabriela Trevisan
Veridiana Schwenck

Preparação de texto
Alyne Azuma

Revisão
Gabriela Trevisan
Liliana Cruz

Design Gráfico
Alexandre Wollner
Alexandra Viude
Janeiro/Fevereiro 2011

Diagramação e finalização
Mauricio Nisi Gonçalves
André Cavalcante Gimenez/Estúdio É

Pré-impressão e impressão
Prol Editora Gráfica

Proibida toda e qualquer reprodução desta edição por qualquer meio ou forma, seja ela eletrônica ou mecânica, fotocópia, gravação ou qualquer outro meio de reprodução, sem permissão expressa do editor.

RENÉ GIRARD
o sacrifício

René Girard

tradução Margarita Maria
Garcia Lamelo

Realizações
Editora

Esta edição teve o apoio da Fundação Imitatio.

INTEGRATING THE HUMAN SCIENCES

Imitatio foi concebida como uma força para levar adiante os resultados das interpretações mais pertinentes de René Girard sobre o comportamento humano e a cultura.

Eis nossos objetivos:

Promover a investigação e a fecundidade da Teoria Mimética nas ciências sociais e nas áreas críticas do comportamento humano.

Dar apoio técnico à educação e ao desenvolvimento das gerações futuras de estudiosos da Teoria Mimética.

Promover a divulgação, a tradução e a publicação de trabalhos fundamentais que dialoguem com a Teoria Mimética.

sumário

9
apresentação
Pierpaolo Antonello

33
prefácio

37
capítulo 1
o sacrifício na
tradição védica e
na tradição
judaico-cristã

67
capítulo 2
os mitos fundadores
do sacrifício védico

93
capítulo 3
o sacrifício
desvendado nas
religiões bíblicas e
a religião védica

123
referências
bibliográficas

125
breve explicação

127
cronologia de
René Girard

131
bibliografia de
René Girard

134
bibliografia
selecionada sobre
René Girard

143
índice analítico

147
índice onomástico

apresentação
Pierpaolo Antonello[1]

Quando alguns anos atrás René Girard nos confessava o desejo "de escrever algo sobre o sacrifício nos textos indianos védicos e pós-védicos",[2] advertia-nos sobre um interesse que estava amadurecendo pelo acompanhamento de leituras e discussões recentes, consciente, além do mais, de que a tarefa seria "árdua" pela quantidade de trabalho que uma reflexão da cultura védica em termos sacrificiais e miméticos podia comportar. Tratar-se-ia, de fato, de reescrever um texto complexo e fundador como tinha sido *A Violência e o Sagrado*, colocando-o no centro de uma leitura contextual dos escritos védicos sem, para isso, dispor de instrumentos filológicos adequados para realizar uma análise muito aguda a respeito do tema. Não que uma preocupação como essa nunca tenha limitado o percurso hermenêutico de Girard: a força do seu

---

[1] Professor de Literatura Italiana, St. John's College, Universidade de Cambridge. Ensaio escrito especialmente para a edição italiana de *La Sacrifice*. Por isso, algumas obras de René Girard e de outros autores são citadas em italiano.
[2] René Girard, *Origine della Cultura e Fine della Storia. Dialoghi con Pierpaolo Antonello e João Cezar de Castro Rocha*. Milão, Raffaello Cortina, 2003, p. 28-29. Livro publicado na Biblioteca René Girard com o título *Evolução e Conversão*.

pensamento e a persuasão da sua hipótese repousa também numa simplificação de detalhe e numa leitura que procede por síntese e saltos temporais e por diminuição de uma perspectiva histórica que, no mais, abraça todo o período do desenvolvimento da cultura humana: das dobras etológicas nas quais mimetismo e violência se estruturam em formas sociais emergentes, até as rivalidades miméticas dos cenários políticos internacionais modernos.

Estava, de qualquer maneira, quase previsto que Girard terminasse por medir-se, ainda que brevemente, com a tradição cultural e antropológica védica. Como permanecer insensível à densidade e à potência antropológica e doutrinal da tradição sacrificial indiana? Quem pensou e movimentou o sacrifício de modo mais contínuo e profundo que a cultura védica? Como não fascinar-se com uma cultura cujos textos fundadores filtram tanta violência ritual, mas que ao mesmo tempo preparam complicadas arquiteturas gestuais, semióticas, retóricas, ideológicas, artísticas, que tendem a ofuscar um olhar direcionado ao próprio ato sacrificial, à morte da vítima inocente imolada para que o cosmo possa continuar funcionando?

Girard se aventurou pouco além da fronteira que divide a cultura ocidental da oriental: uma incursão mínima em alguns textos fundamentais da cultura hinduísta, como os Brâmanas, mediados pela tradução de um dos grandes indianistas franceses, Sylvain Lévi (1863-1936). Leitura circunstanciada, mas, de todo modo, suficiente para reforçar – quando ainda fosse necessária – a difusão do fenômeno do sacrifício nas civilizações antigas, não só a necessidade da teoria mimética para uma melhor compreensão de textos como os védicos, que através da lente girardiana parecem tornar-se claros até mesmo de modo muito evidente, quando, ao contrário, eles eram pensados frequentemente em termos de obscuridade, incoerência e insignificância.[3]

As três conferências apresentadas por Girard em outubro de 2002 na Biblioteca Nacional da França, e agora presentes neste volume, são, portanto, o testemunho de um projeto *in fieri*, sendo uma das possíveis direções que a pesquisa girardiana poderia ter nos próximos anos (embora dificilmente pudéssemos esperar sistematizações de fôlego). E mesmo em toda a óbvia fase preliminar e aparente ocasionalidade dessa primeira formulação, o presente texto se impõe logo pelo seu interesse e pela sua potencial fecundidade. Trata-se, de fato, de uma passagem importante na compreensão do ritualismo sacrificial das origens e da relação entre as religiões do sagrado e o processo de dessacralização antivitimária imposto pela tradição judaico-cristã.

Antropologia e comparação

Os problemas que essas três breves lições colocam sobre a mesa em relação às perspectivas acerca do religioso,

---

[3] Além das posições de Louis Renou por parte de Girard (p. 19), ver, por exemplo, a introdução à edição do *Rig Veda*, organizada por Wendy Doniger O'Flaherty, em que a estudiosa americana afirma não possuir resposta possível para os *riddles* dessa coleção poética, reputando, aliás, que o autor desses hinos tenha feito um pouco de confusão e não tenha conseguido realmente "dizer aquilo que gostaria". W. D. O'Flaherty, "Introduction". In: *The Rig Veda*. Londres, Penguin, 1981, p. 16-19.

abertas pela teoria mimética, são múltiplos, e todos de grande alcance. Do ponto de vista metodológico, antes de tudo, Girard aponta o dedo contra o abandono do método comparativo em antropologia,[4] reforçando toda sua urgência em dar um sentido à história geral da cultura humana, mas também para definir melhor o processo evolutivo que provém da matriz sacrificial do religioso, assim como definido pela teoria mimética, que vê no linchamento arbitrário de uma vítima inocente – percebida como culpada por uma comunidade tomada por um paroxismo imitativo violento – a origem do sagrado e do simbólico. A *vis polemica* de Girard descarrega-se, sobretudo, na deriva pós-moderna e no politicamente correto da atual pesquisa antropológica muito obstinadamente fechada numa prática descritiva diferencial e num relativismo ideológico (caso pensemos nas posições de E. E. Evans-Pritchard, Clifford Geertz ou de James Clifford) que tende a girar no vazio – *cul-de-sac* metodológico e de impostação muito evidente também no interior da própria disciplina.[5]

A comparação está, ao contrário, no centro do sistema de compreensão e de leitura do mito em Girard, segundo um

---

[4] "O notável valor atribuído à descrição analítica não comparativa reflete a redefinição da antropologia de uma ciência que produzia generalizações a uma disciplina das humanidades que trata da especificidade e relatividade cultural (...)" L. Holy (org.), *Comparative Anthropology*. Oxford, Basic Blackwell, 1987, p. 8.
[5] Um ataque a essa corrente veio de Ernest Gellner, em *Postmodernism, Reason and Religion*. Londres, Routdledge, 1992. Um novo filão de comparação em antropologia vem, agora, de uma série de estudos que tentam explicar as modalidades do pensamento e da organização religiosa a partir de um ponto de vista dos mecanismos mentais e cognitivos de base, particularmente pelos trabalhos de Dan Sperber, Pascal Boyer e Harvey Whitehouse.

modelo que conduz aos grandes antropólogos britânicos do início do século – Frazer, Malinowski ou Hocart – e que é estendida agora ao ritualismo bramânico, acolhendo nele a sugestão de um dos estudiosos italianos mais próximos a Girard, Giuseppe Fornari, que no seu *Fra Dioniso e Cristo* tinha proposto a necessidade de uma análise integrada de mitos e ritos como processo hermenêutico reciprocamente explicativo, visto que "o rito realiza aquilo que o mito narra, aquele não é outra coisa a não ser mito em ação".[6] Mito e rito convergem de maneira tão óbvia e surpreendente justamente nas escrituras védicas, nas quais os mitos de origem, os hinos aos deuses e detalhadíssimas prescrições rituais são compilados em estreita relação uns com os outros. E a comparação permite ver uma série de semelhanças morfológicas que apontam de maneira unânime numa direção: o assassinato fundador.

Sobre o método proposto por Girard, é necessário lembrar, além disso, como um verdadeiro e particular sistema comparativo de caráter figural, tudo o que está centralizado sobre a vítima inocente tal como é proposto pelo texto bíblico, que se apresenta como uma contínua releitura do mesmo esquema fundador, do mesmo mecanismo de expulsão, de vitimização, que interessou a todas as culturas humanas "desde a fundação do mundo". A duplicidade da Bíblia é, nesse sentido,

---

[6] Giuseppe Fornari, *Fra Dioniso e Cristo. La Sapienza Sacrificale Greca e la Civiltà Occidentale*. Bologna, Pitagora, 2001, p. 26. Fornari lembra que o método já tinha sido implicitamente proposto por Frazer em *O Ramo de Ouro*. A propósito vale também a opinião de E. R. Leach: "A doutrina clássica na antropologia social inglesa argumenta que o rito é uma dramatização do mito, e o mito é aquilo que convalida e permite normativamente o rito" (E. R. Leach, *Political Systems of Highland Burma*. Londres, Bell & Son, 1954, p. 13).

absolutamente significativa: Antigo Testamento e Evangelhos são textos que se leem reciprocamente, que fornecem aos seus leitores uma chave hermenêutica de caráter comparativo e evolutivo. O sacrifício (interrompido) de Isaac e a última ceia são rituais que se respondem e se explicam reciprocamente.

Culturas e geografias do sacrifício

Escolher a leitura dos textos védicos, como faz agora Girard, significa escolher uma cultura que coloca o sacrifício no centro de toda a sua complexa cosmogonia simbólica. A tal ponto que é o próprio sacrifício, com uma inversão muito significativa, a que são oferecidas oferendas: "com o sacrifício os deuses sacrificaram o sacrifício: tais foram os primeiros ordenamentos" (*Rig Veda* 1.164. 50). Tudo na tradição védica trabalha, opera e significa a partir daquele princípio primeiro, da vítima imolada,[7] confirmando a hipótese interpretativa girardiana que vê o mecanismo vitimário como origem e motor da cultura humana.[8] Ao menos isso parece significar *L'Inno a Purusha*, analisado por Girard: do sacrifício originário nascem não somente as várias partes do mundo, mas todo o universo cultural do homem: das estruturas religiosas e

---

[7] Na realidade, essa ênfase colocada sobre o sacrifício como ato litúrgico, como veremos mais adiante, faz com que percamos de vista na tradição hinduísta aquilo que é, ao contrário, o centro simbólico do cristianismo: a vítima.
[8] Sobre isso, ver *Coisas Ocultas desde a Fundação do Mundo* (São Paulo, Paz e Terra, 2008) e o terceiro capítulo de *Evolução e Conversão* (São Paulo, Editora É, 2011).

sociais à comida, à arquitetura, aos próprios versos que narram os gestos dos sacrificadores.⁹

O fato de o sacrifício ser tão pervasivo nos textos védicos não deveria de forma alguma surpreender, sobretudo partindo de uma perspectiva mimética. Isso porque tais textos representam os testemunhos escritos mais antigos que chegaram até nós (datáveis entre 1800 e 1500 a.C., mas que remontam na sua forma oral provavelmente ao ano 2500 a.c.), e, portanto, pode-se supor que temos uma aproximação histórica maior para a fonte primitiva daquela cultura que se construiu e se edificou em torno da descoberta e ritualização do sacrifício violento. Esse assunto, aparentemente simples, esconde na realidade dificuldades metodológicas relevantes, justamente por aquela aberta desconfiança da cultura e dos estudos contemporâneos para narrativas de natureza linear e de longa duração, ou simplesmente de caráter progressivo ou teleológico.

Levando em consideração algumas análises prévias sobre mitos e tragédias gregas disponíveis em *A Violência e o Sagrado*, uma leitura como a proposta por Girard sobre

⁹ "Caso pensemos no *Viraj*, a métrica poética de três pés de dez sílabas cada um, a que é atribuída nos Brâmanas a propriedade de ser e criar nutrição, e em geral nas métricas entendidas como seres vivos, animais, vítimas sacrificiais e, portanto, alimentos. O uso de fórmulas de quatro versos, ou de quatro pés, é nesses textos dominado pelo princípio da homologia entre o verso e o ser vivo, e tais fórmulas são homologadas aos quadrúpedes domésticos, animais sacrificiais por excelência." Cristiano Grottanelli, "Uccidere, Donare, Mangiare: Problematiche Attuali del Sacrificio Antico". In: Cristiano Grottanelli e N. F. Parise, *Sacrificio e Società nel Mondo Antico*. Roma-Bari, Laterza, 1988, p. 33-34.

apresentação 15

os textos védicos não pode senão sugerir a possibilidade de definir também uma filiação genético-evolutiva dos sistemas rituais religiosos de matriz indo-europeia em chave sacrificial e vitimária, seguindo uma perspectiva análoga àquela traçada nos anos 1930 por Georges Dumézil e Émile Benveniste, que tentaram reconstruir uma possível matriz comum indo-europeia da mitologia e das estruturas sociais e de poder a ela ligadas (a tripartição Júpiter, Marte, Quirino) – sem, no entanto, esquecer que os mitos de vitimização e os rituais sacrificiais se encontram no mundo inteiro, nas culturas semíticas, assim como nas culturas africanas ou mesoafricanas.[10]

Se os linguistas conseguiram definir em grandes linhas o ramificar-se através dos séculos das várias linhagens derivadas de uma hipotética língua proto-indo-europeia, se a genética das populações, do mesmo modo, está procurando traçar alguns mapas das aproximações genéticas entre grupos étnicos – seguindo as suas dispersões e os distanciamentos ao longo de milenárias derivas migratórias pelos continentes –, podemos questionar se não é possível construir um mapa de derivação também para os mitos e ritos, onde possam ser hipotetizados os nexos de empréstimo e de propagação das figuras do sacrifício a partir de uma matriz comum. Arthur Maurice Hocart no início de *Kings and Councillors* [Reis e Conselheiros] estabeleceu um paralelismo morfológico muito

---

[10] Nos seus trinta anos de pesquisa sobre o sacrifício, Girard analisou uma ampla documentação etnológica e antropológica: do canibalismo dos tupinambás à cerimônia do urso junto aos Ainus do Japão setentrional; da substituição sacrificial do povo dinka ao jogo como processo vitimário junto aos kayan do Bornéu. Para uma lista exaustiva dos materiais empregados por Girard nos seus textos, ver Stefano Tomelleri, *René Girard. La Matrice Sociale della Violenza*. Milão, FrancoAngeli, 1996, p. 135-43.

convincente entre o deus védico Agni e o deus grego
Hermes, ambos ligados a uma inegável origem sacrificial. Girard, no segundo capítulo deste livro, destaca a
recorrência da figura do gigante primigênio nos textos
védicos e nas sagas nórdicas: Purusha é desmembrado
como o gigante Ymir em *Edda* de Snorri (e que lembra
o *diasparagmos* de Dioniso), e igualmente as partes do
seu corpo se tornam depois matriz geradora do mundo e
das estruturas e estratificações sociais do clã. Giuseppe
Fornari lembra a difusão "no Egito e em todo o Vizinho
Oriente [da] existência dos cultos de um deus que era
de modo variado desmembrado e que depois renascia
garantindo a vida e a fertilidade, tal como Dioniso".[11]
Sobre morfologia comparada nos mitos também escreveram Giorgio de Santillana e Hertha von Dechend em *Il
Mulino di Amleto* [O Moinho de Amleto]:

> O reservatório dos mitos e das fábulas
> é muito vasto, mas existem "símbolos"
> morfológicos para tudo aquilo que não
> é simplesmente narração de tipo espontâneo. (...) Orfeu e a sua morte dolorosa
> poderiam ser uma criação poética surgida muitas vezes em vários lugares. Mas
> quando personagens que tocam não a
> lira, mas a flauta, terminam esfolados
> vivos por motivos absurdos de inúmeras
> formas, e quando o seu idêntico fim
> é repetido e evocado novamente em
> diferentes continentes, então sentimos

[11] Giuseppe Fornari, op. cit., p. 57.

ter colocado as mãos sobre algo, já que narrativas semelhantes não podem estar ligadas por sequência interior.[12]

As semelhanças morfológicas devem obviamente corresponder a um percurso genealógico e histórico evolutivo coerente, devendo ainda ser todo reconstruído para ter caráter científico.[13] Não menos, tais similaridades parecem nos indicar uma direção de percurso; a mesma que Gianluca Bocchi e Mauro Ceruti, por exemplo, previram e discutiram brevemente em *Origine di Storie*, apontando o dedo justamente na direção oferecida por Girard, e esboçando a abertura de um campo de pesquisa complexo, arriscado, mas fascinante, que se move no seguinte sentido: traçar os mapas do sacrifício, construir percursos genealógicos que nos permitam estabelecer parentescos culturais entre Oriente e Ocidente, compreendendo que:

> A história da filosofia tradicional se torna sempre mais injustificavelmente parcial, porque ela leva em consideração os desenvolvimentos de um único ramo desse universo cultural, a saber, aquele ocidental. Não há mais razão alguma para perpetuar essa amnésia da Índia. As primeiras pesquisas comparadas indicam como o estudo do pensamento indiano (clássico e moderno)

---

[12] Giorgio de Santillana e Hertha von Dechend, *Il Mulino di Amleto. Saggio sul Mito e sulla Struttura del Tempo*. Milão, Adelphi, 1983, p. 30.
[13] Uma preocupação metodológica análoga é discutida por Carlo Ginzburg (*Storia Notturna. Una Decifrazione del Sabba*. Turim, Einaudi, 1989, p. 197).

pode expandir de maneira útil nossos pontos de vista sobre a filosofia e a ciência ocidentais.[14]

Sacrifício e revelação

Outro ponto programático sobre futuros desenvolvimentos possíveis da reflexão girardiana acerca do sacrifício é aquele que remete a uma releitura do sagrado arcaico numa luz menos negativa do que foi pensado até então, inclusive pelo próprio Girard. O conhecimento antivitimário e antissacrificial que culmina no cristianismo se enxertaria num processo de lenta libertação da cultura humana das suas raízes violentas, onde também o pré-bíblico requer um caminho de conhecimento subreptício – surgindo daí o desejo de Girard de escrever um livro que fosse "a interpretação totalmente cristã da história da razão":

> O livro seria na verdade a história do sacrifício. Demonstraria que as religiões arcaicas foram as primeiras verdadeiras educadoras da humanidade, que a conduziram distante da violência arcaica. Depois, Deus se faz de vítima para libertar o homem da ilusão do Deus violento, que deve ser substituído em favor da consciência de que Cristo

[14] Gianluca Bocchi, Mauro Ceruti, op. cit., p. 37.

tem do seu pai. Podem-se ler as religiões arcaicas como um dos primeiros passos da revelação progressiva que culmina com a vinda de Cristo.[15]

Essa elevação se baseia no fato de que a simbologia cristã não recusa em bloco o passado mítico e sacrificial da humanidade, mas o reinterpreta integrando-o a nível simbólico, sobretudo em relação ao princípio que está na base do religioso: o sacrifício da vítima inocente. A eucaristia remete de maneira muito evidente à lógica sacrificial e antropofágica das origens, a ponto de não poder ser considerada um elemento casual ou marginal na composição da nova aliança entre homens e Deus através do sacrifício do filho. Esse gesto é central e fundador, e lembra o lento caminho de libertação da humanidade a partir das suas origens sanguinolentas e da violência de todos os fechamentos sistêmicos, sociais e individuais, a saber, "homicida desde o princípio". É um gesto que justamente por ser tão revelador podia senão parecer "escandaloso" e "subversivo" para os comentadores da época, como acontece, por exemplo, para o neoplatônico Porfírio que, no seu *Adversus Christianos* [Contra os Cristãos], escreve sobre o seu horror diante da simbologia eucarística. Essa reação pode ser lida também como prova futura do quanto a cultura filosófica foi corresponsável pela ocultação da violência humana, e como na nossa tradição intelectual se dá mais ouvido a Platão do que a Homero ou a Eurípides – erro no qual, ao contrário, Girard não caiu, pois a sua formulação teórica nasce justamente de

---

[15] René Girard, *Les Origines de la Culture*, op. cit., p. 171.

ter tomado com seriedade os romances da modernidade, por um lado, e mito e tragédia grega, por outro. Mas, na realidade, não era com a cultura erudita que Cristo estava falando, mas com uma cultura popular que crescera no interior de ritualismo e de categorias míticas, em continuidade com as raízes antropológicas e religiosas de que se nutria a sociedade da época. Como escreveu Fornari a propósito (sobre a relação com o orfismo):

> Um anúncio cristão que não tivesse tido semelhanças profundas com o paganismo, que não tivesse tido uma compreensão profunda da razão de ser do paganismo e do seu limite constitutivo, e isso começando pela experiência e pela reflexão de Jesus Cristo, teria sido impotente, seria realmente aquela seita insignificante que Celso esperou em vão que fosse. E as semelhanças, antes de tudo, se explicam com o simples fato de que a acusação que cristianismo e orfismo enfrentam é rigorosamente a mesma, ou seja, o problema da origem violenta do homem, da sua verdadeira natureza, do seu verdadeiro destino.[16]

---

[16] Giuseppe Fornari, op. cit., p. 213-14. Girard já comentou o fato de que tanto o orfismo na Grécia quanto o jainismo na Índia pós-védica parecem condenar os sacrifícios violentos antecipadamente em relação à revelação evangélica, mas seu impacto histórico sobre a cultura dominante que os circundava foi marginal – ao contrário do cristianismo que em poucos séculos conseguiu mudar radicalmente o panorama da cultura médio-oriental e europeia. Do ponto de vista histórico, o desenvolvimento da cultura indiana entre Idade Média e Modernidade terminou, de fato, por privilegiar as suas

apresentação 21

Eis que nessa direção o cristianismo representa uma espécie de "plataforma" comparativa inter-religiosa, em que as várias formas histórico-culturais do sacrifício e a sua progressiva desestruturação convergem para ser, de algum modo, simbolicamente canalizadas, explicadas e difundidas novamente segundo um significado novo.

O desejo

Nessa leitura comparativa realizada por Girard, os textos védicos nos demonstram, assim, o profundo interesse e o conhecimento extremo do mundo antigo em relação ao problema do desejo. "O desejo é a fonte de criação da filosofia indiana do *Rig Veda* através dos *Upanixades* até o *Gita*.[17] Numa sequência mesmo muito exata, que parece casual, os dois hinos dedicados à criação no *Rig Veda* falam de coisas conhecidas há tempos por Girard: desejo e sacrifício. De fato, o desejo é a força primitiva que move o universo; é o desejo que desce "em princípio" até o inominado centro da criação; único movimento certo no interior de uma dialética entre ser e

---

raízes hinduístas, politeístas e védicas, conservando estruturas e ritualismos residuais de caráter sacrificial. O mesmo sistema de castas, ou seja, aquilo que foi definido como "violência estrutural", sobreviveu em várias formas também na Índia moderna. Ver René Girard, *Les Origines de la Culture*, op. cit., p. 166-67. Também em relação ao orfismo, como evidenciou Fornari, é necessário especificar como tentativas de purificar a violência dionisíaca, mas repetindo-a de maneira iniciática, e passando do sacrifício humano ao animal. Não existe, na realidade, uma verdadeira e específica condenação do sacrifício em si mesmo. Ver Giuseppe Fornari, op. cit., p. 51-79.

[17] Antonio De Nicholas, *The Bahagavad Gita*. York Beach, Nicolas-Hays, 1990, p. 5.

não ser que descreve o mundo da origem. Não por acaso é definido como "o primeiro sêmen e embrião da mente" (*Rig Veda* 10.129.4). Depois será o sacrifício que inscreverá o mundo com as suas regras, com o seu modelo de compreensão (*Rig Veda* 10.129.5), construindo uma rede complexa de envios e significados que se tornará o sofisticado aparato ritual da cultura védica.

De modo muito mais preciso do que nas escrituras bíblicas, os textos védicos colocam em cena, sobretudo, aquela dimensão *aquisitiva* do desejo tão destacada por Girard e muito negligenciada por antropólogos, sociólogos e psicólogos.[18] Nós desejamos um objeto apenas em função de um modelo-rival, de um duplo, que nos confronta. Na luta entre os devas e os asuras, como escreve Girard no primeiro capítulo deste livro, é a pura dimensão de rivalidade que se mostra e prevalece. Os trabalhos de J. C. Heesterman já tinham mostrado os motivos de competição e de rivalidade no interior do ritualismo bramânico,[19] assinalados, no seu momento, também por Marcel Mauss no seu famoso *Essai sur le Don* (1923) [Ensaio sobre o Dom] quando observava que "o *Mahabharata* é a história de um gigantesco potlatch".[20] Porém nunca como no caso da leitura de Girard desejo aquisitivo e sacrifício foram ligados de maneira tão estreita. É nessa dimensão de rivalidade antagonista que vem

---

[18] Para uma ampla discussão sobre a presença do desejo mimético na Bíblia, ver o primeiro capítulo do livro de René Girard, *Vedo Satana Cadere come la Folgore*. Milão, Adelphi, 2001, p. 25-38.
[19] Ver J. C. Heesterman, *The Inner Conflict of Tradition. Essays in Indian Ritual, Kingship, and Society*. Chicago, Chicago University Press, 1985, p. 28-30.
[20] Marcel Mauss, *Teoria Generale della Magia*. Turim, Einaudi, 1965, p. 254.

também provavelmente interpretada a advertência de Krishna a Arjuna no *Bhagavad-Gita*: "A sabedoria é ofuscada pelo desejo, o inimigo onipresente do sábio. Seja um guerreiro e mate o desejo, o inimigo potente da alma". Aqui, a linguagem militaresca parece esconder um resíduo da consciência primitiva do nexo entre mímesis da apropriação e violência, considerando, além disso, que na versão de Winthrop Sargeant o termo *desejo* é definido não como *kama*, mas como *rajas*, ou seja, uma "paixão que nasce da necessidade e da afeição", e, portanto, particularmente aquisitiva.[21] Da mesma maneira, no breve interlúdio dedicado à deusa Vac, comentado por Girard, o desejo se manifesta nos seus aspectos mais decididamente modernos, como jogo de sedução, segundo o esquema da coqueteria ou do esnobismo proustiano já explicado em *Mentira Romântica e Verdade Romanesca* (1961). Na realidade, longe de ser apenas uma representação moderna *ante-litteram*, o texto sobre Vac pode ser entendido como uma máquina mítico-ritual para gerar o "sêmen da mente", para colocar em cena e compor ritualmente aquele desejo que é motor primeiro de qualquer instância sacrificial.

O problema do desejo nos coloca, dessa maneira, diante de um nó interpretativo complexo em relação a uma comparação filosófico-religiosa entre a tradição cristã e as religiões da tradição hinduísta. Se o desejo é "sêmen e princípio da mente", por que a mística oriental se empenha em removê-lo de maneira tão radical? Na tentativa

---

[21] Para essa indicação, ver Nicholas Lash, "The Purification of Desire". In: Julius Lipner (org.), *The Fruits of our Desiring. An Enquiry into the Ethics of the Bhagavadgîta for our Times*. Calgary, Bayeux, 1997, p. 4.

de libertação da violência intrínseca ao desejo aquisitivo a tradição pós-védica se moveu em direção a uma progressiva supressão do motor primeiro do indivíduo: "o homem que abandona todos os desejos e que age sem cobiça, sem possessividade, sem eu (não se tornando responsável por suas ações), ele encontra paz" (*Gita* 2.70).[22] Por mais que um completo exame minucioso do problema do desejo nas filosofias pós-védicas seja matéria certamente não resolvível em poucas linhas, basta, agora, fazer referência a alguns comentadores que destacaram como essa supressão comporta de fato uma perda do princípio de "responsabilidade" perante o mundo e os outros, introduzindo uma ética da distração e do distanciamento.[23] Sobre essa possível resposta ascética para o problema da natureza ambivalente e potencialmente conflituosa do desejo, Girard se expressou com clareza em *Je Vois Satan Tomber comme l'Éclair* (1999). Para Girard, o cristianismo age de modo mais "mundano" do que as religiões orientais, nunca procurando suprimir o desejo do homem, mas endereçando-o novamente: "Jesus não propõe nenhuma regra de vida ascética. (...) a maneira melhor de prevenir a violência não é proibir os objetos ou o desejo rival, (...) mas, sim, fornecer aos homens o modelo que, em lugar de arrastá-los pelas rivalidades miméticas, proteja-os a partir delas".[24] Obviamente esse modelo é Cristo:

---

[22] Robert C. Zaehner vê nesse verso "o ideal budista de total separação do temporal (samsara) do eterno (nirvana), que na prática significa a total *supressão* do desejo". *The Bhagavad Gita*, Robert Z. Zaener (org.). Oxford, Clarendon Press, 1969, p. 157-58.
[23] Ver Nicholas Lash, op. cit., p. 9.
[24] René Girard, *Vedo Satana*, op. cit., p. 34.

Também se o mimetismo do desejo humano é o grande responsável pelas violências que nos oprimem, não é necessário tirar daí a conclusão de que o desejo mimético seja por isso ruim. Se os nossos desejos não fossem miméticos, nunca poderiam ser fixados em objetos predeterminados, pois eles seriam apenas uma forma particular de instinto... Sem desejo mimético não existiria nem liberdade nem humanidade. (...) [O desejo mimético] é responsável por aquilo que existe de melhor e de pior em nós, por aquilo que nos coloca abaixo e acima dos animais. As nossas discórdias incessantes são o preço que pagamos para ser livres.[25]

Não violência, cristianismo e filosofias orientais

Isso nos leva a enfrentar outro ponto sensível da relação comparativa entre cultura religiosa judaico-cristã e aquela de derivação védica: o papel da não violência. Uma vulgata um pouco condicionada por leituras até muito seletivas e suavizadas sobre a mística oriental e sobre a filosofia zen e budista, sejam quais forem, de fato, as filosofias religiosas orientais que devem prestar contas de

---

[25] Ibidem, p. 35-36.

maneira mais radical com a violência do homem, ao contrário da tradição ocidental cristã que nunca renunciou à sua dose histórica de sangue. Sem tirar nada da complexidade e sofisticação doutrinal e filosófica de religiões, como o budismo e o jainismo, ao enfrentar o problema da não violência, esse modelo de simplificação parece, na realidade, responder à necessidade constante da cultura ocidental moderna de livrar-se de maneira maniqueísta da violência interna e sistêmica do homem, criando novos Eldorados, construindo a cada estação novas geografias mitográficas para colocar em cena o próprio Éden, em que seja possível instaurar uma nova relação entre os homens, purificada de toda violência.

Mas para além de esquemas compensatórios pós-modernos ou *new-age*, ou de questões de pureza ideológica ou prioridade doutrinal, é certamente interessante questionar-se sobre as modalidades antropológicas e histórico-ideológicas que levaram a cultura religiosa e filosófica indiana a formular uma resposta para o problema da violência ritual e social, visto que "não falar do sacrifício foi para Buda como ignorar o ar que respirava, o solo que pisava".[26] As interpretações sobre o problema parecem concordar sobre o fato de que a passagem de práticas e estruturas rituais de natureza sacrificial a uma posição filosófica amenizada por

---

[26] Roberto Calasso, *Ka*, op. cit., p. 422. "O Bodisatva era a vítima que se desligava do lugar sacrificial. Corria em que direção? Em direção ao despertar. Aquele é o alvo que não derrama mais sangue. Aquela era a meta de Sidarta" (*ivi*, p. 70-71). "O Buda desfez o laço que ligava a vítima ao lugar sacrificial. Mas no exato momento em que o desfazia, ele explicou que tudo é um laço" (*ivi*, p. 423).

qualquer tipo de violência, tanto ocorrida no interior de uma perspectiva ritual quanto numa progressiva ênfase dada a algumas partes do rito com prejuízo de outras, foi progressivamente cancelada.[27] O disfarce contínuo da violência sacrificial imposta pelos sacerdotes operou seja no sentido do desconhecimento (*méconnaissance*), assim como entendido por Girard, ou seja, como ocultação da verdade própria da raiz do sacrifício (a morte arbitrária de uma vítima inocente), seja em direção a uma progressiva "gramaticalização" litúrgica de estrutura e de instâncias do rito que provocaram uma deriva "barroca", onde os aspectos formais cobriram aos poucos, até cancelá-lo completamente, o princípio fundador: o linchamento coletivo da vítima sacrificial. Na cultura ritual védica, em especial, a eficácia do rito (do qual os oficiadores estavam absolutamente obsessionados) começou a ligar-se de maneira sempre mais insistente ao *tapas*, isto é, ao calor interior, à ascese do sacrificante, e progressivamente essa dimensão ascética levou vantagem sobre os outros aspectos do rito, e em particular sobre aqueles mais violentos, até chegar, através da reflexão dos *Upanixades*, ao misticismo budista.

Relativamente a uma perspectiva girardiana, como já foi observado, "os pensadores hinduístas não desenvolveram uma teologia da vítima e não interpretaram a violência e a não violência em termo vitimários. A vítima foi, antes, colocada para fora de campo, e depois tornada simbólica através da substituição, com formas de vidas inferiores e mais simples. Enfim (...) as noções de vitimização e

---

[27] Nesse sentido se expressaram tanto Heesterman quanto Grottanelli.

vítima são interiorizadas, enquanto cada um se transforma em agente e objeto passivo da violência".[28]

A ascese é obviamente um dado presente em todas as culturas religiosas, mesmo aquela cristã, mas nunca toma a centralidade que tem na cultura dos Upanixades. Há um elemento sacerdotal e aristocrático, fortemente intelectualizado nos vedantas e nas religiões como o budismo, que falta na cultura bíblica – que é uma cultura de povos e de categorias sociais oprimidas e marginalizadas, dos vencidos, para recordar a interpretação nietzschiana; e mesmo a cultura oriental sendo uma mística baseada em instâncias individuais possui também embriões antidemocráticos. O processo de dessubjetivação que uma disciplina como a zen propõe pode também contribuir para uma forte desestruturação ética, com uma tendência do indivíduo de abandonar-se a normas e desejo alheio: "do momento em que não há uma intrínseca substância da religião, a essência da fé se torna um decoro particular, e a obediência ao ritual como tal". Como observou Slavoj Žižek em *The Puppet and the Dwarf* (2003) [O Fantoche e o Anão], o zen corre o risco de transformar-se numa "técnica espiritual, um instrumento ético neutro que pode ser colocado ao serviço de diferentes usos sociopolíticos, do mais pacífico ao mais destrutivo... Nesse sentido, Suzuki tinha razão ao destacar como o zen budismo pode ser combinado com qualquer filosofia ou política, do anarquismo ao fascismo".[29]

---

[28] Francis X. Clooney, "Violence and Nonviolence in Hindu Religious Traditions". *Contagion*, 9, 2002, p. 137.
[29] Slavoj Žižek, *The Puppet and the Dwarf. The Perverse Core of Christianity*. Cambridge, MA, The MIT Press, 2003, p. 31. Ver, também Brian A. Victoria, *Zen at War*. Nova York, Weatherhilt, 1998, p. 132.

Basta dar uma olhada na história das culturas informadas pelas doutrinas budistas para compreender como é necessário distinguir entre aspectos normativos e aspectos descritivos de toda religião, entre a letra da norma e o desenvolvimento histórico de uma fé radicada em específicos contextos culturais e nacionais – quando a tendência simplificadora da vulgata ocidental contemporânea é aquela de confundir os termos, reduzindo o confronto entre um cristianismo descritivo e um budismo normativo.[30] Se a história da cristandade na sua fase de institucionalização mostrou também um rosto trágico e persecutório, do mesmo modo o budismo histórico não ficou realmente imune, como se tende normalmente a acreditar, pela violência política, institucional e pessoal: as comunidades de monges e os intelectuais budistas participaram mais ou menos diretamente de guerras e de atos de violência, justificando-os a partir do ponto de vista doutrinal.[31] Brian Victoria, discutindo a relação entre militarismo japonês e doutrina budista no seu *Zen at War*, cita uma frase emblemática do mestre Shaku Soen: "embora Buda tenha proibido matar, ele também ensinou que até o momento em que os seres sencientes não forem unidos pelo exercício da compreensão infinita, nunca existirá paz. Para tanto, como meio para trazer a harmonia, as coisas que são incompatíveis, o homicídio e as guerras, são necessárias".[32]

---

[30] Sobre esse ponto, ver Robert J. Daly, "Violence and Institution in Christianity", *Contagion* 9, 2002, p. 19.
[31] A propósito, ver Christopher Ives, "Dharma and Deconstruction: Buddhist Institutions and Violence". *Contagion* 9, 2002, p. 151-74.
[32] Citado em Brian A. Victoria, op. cit., p. 29.

Nessa consciência comum de que qualquer sistema religioso pode transformar-se, nas mãos dos homens, em instrumento de perseguição e de injustiça vive todo o interesse e toda a urgência de um diálogo interconfessional e inter-religioso baseado numa discussão aberta e livre de preconceitos em torno dos temas que foram discutidos e elaborados de modo doutrinário e histórico por todas as principais tradições religiosas mundiais. No fundo, essas lições girardianas propõem mais uma vez o papel do desejo na cultura humana, a construção de uma ética pessoal e social não violenta, a atenção em relação às vítimas. Deixemos o leitor na companhia de tais ideias...

prefácio

A reflexão antropológica viu durante muito tempo no sacrifício sangrento uma espécie de enigma que ela procurou resolver, sem sucesso. Passou-se a dizer que o sacrifício em geral, o sacrifício em si, talvez não existisse. A hipótese de uma ilusão conceitual é legítima enquanto hipótese, mas, na segunda metade do século XX, ela endureceu e se tornou um dogma ainda mais intolerante, acreditando ser superior à intolerância ocidental, ao novo imperialismo do conhecimento.

Sob a influência desse dogma, a maioria dos pesquisadores rejeitou a teoria mimética que reafirma a natureza enigmática do sacrifício e enraíza a sua universalidade na violência mimética de todos os grupos arcaicos, no linchamento unânime de vítimas reais que se produz espontaneamente nas comunidades afetadas em que se estabelece a paz. Essas comunidades reproduzem deliberadamente esses fenômenos em seus ritos sacrificiais, esperando assim se proteger de sua própria violência desviando-a para vítimas sacrificáveis, criaturas humanas ou animais cuja morte não fará ressurgir a violência, pois ninguém terá a preocupação de vingá-la. Para ilustrar a teoria mimética, indagarei a reflexão religiosa mais poderosa sobre o sacrifício, a da Índia védica, reunida nos vertiginosos Brâmanas. Entre as concepções dos brâmanes e a minha teoria há inúmeras coincidências surpreendentes para serem só fruto do acaso. Junto com as convergências, sem dúvida, há divergências; porém, longe de contradizerem a teoria mimética, elas correspondem ao mínimo de ilusão sem o qual o sacrifício se torna impossível. Para que ele seja possível, primeiramente é preciso crer que a vítima original é responsável pela desordem mimética e, em seguida, através da violência unânime, pela volta à ordem. Portanto, há aqui um deus que, acredita-se, depois de ter conduzido mal a comunidade, ficou com pena dela e ensinou-lhe o sacrifício.

Há em todas as partes da Bíblia violências coletivas semelhantes àquelas que provocam os sacrifícios. Porém, em vez de serem atribuídas às vítimas que são apenas aparentemente reconciliadoras, por causa das transferências exercidas contra elas, em detrimento da verdade, a Bíblia e os Evangelhos atribuem a responsabilidade dessas violências a seus verdadeiros autores, os perseguidores da vítima única. Em vez de elaborar mitos, portanto, a Bíblia e os Evangelhos dizem a verdade.

Uma vez exposto, como é o caso na Bíblia e nos Evangelhos, o processo vitimário não pode mais servir de modelo para os eventuais sacrificadores. Se o termo *sacrifício* é utilizado para a morte de Jesus, é num sentido absolutamente contrário ao arcaico. Jesus aceita morrer para revelar a mentira dos sacrifícios sangrentos e torná-los daquele momento em diante impossíveis. É a partir dessa mudança que é preciso interpretar a noção cristã de redenção.

Temos, portanto, na Bíblia e nos Evangelhos a explicação do processo sacrificial. Quando João Batista designa em Jesus "o cordeiro de Deus", ou quando Jesus se diz como "a pedra rejeitada pelos edificadores que se tornou a pedra angular", o processo sacrificial aparece e perde sua eficácia. A revelação e o repúdio dos sacrifícios andam juntos, e tudo isso está presente até certo ponto no Vedanta e no repúdio budista aos sacrifícios.

Reconhecendo que a tradição védica pode também levar a uma revelação que desautoriza os sacrifícios, a teoria mimética identifica no próprio sacrifício um poder paradoxal de reflexão tranquila que provoca, em longo prazo, a superação dessa instituição violenta e, no entanto, fundamental para o desenvolvimento da humanidade. Longe de privilegiar indevidamente a tradição ocidental e de lhe conferir um monopólio sobre a inteligência e o repúdio aos sacrifícios sangrentos, a análise mimética reconhece traços comparáveis, porém jamais verdadeiramente idênticos na tradição indiana. Mesmo sendo incapazes de esclarecer de fato a relação que une e separa essas duas tradições, apreciamos um pouco melhor sua riqueza e complexidade.[1]

---

[1] Os ensaios aqui traduzidos foram inicialmente apresentados como palestras na Biblioteca Nacional da França, em 2002. Decidimos, portanto, preservar na tradução o tom coloquial das conferências. (N. T.)

capítulo 1
o sacrifício na tradição védica e na tradição judaico-cristã

In memoriam Sylvain Lévi

Rivalidade mimética e sacrifício nos Brâmanas

Após algumas hesitações, no fim do século XIX e no começo do século XX, a antropologia se voltou para o estudo das culturas individuais. Os pesquisadores levavam muito a sério as diferenças entre essas culturas, mas sem renunciar ainda às grandes questões teóricas que pressupõem a unidade do homem. Acreditava-se que além dos cultos arcaicos, todos diferentes uns dos outros, havia um enigma do religioso enquanto tal, cuja solução seria encontrada rapidamente.

Todo mundo estava mais ou menos de acordo com o fato de ver nos sacrifícios sangrentos o coração desse enigma. Além dos ensaios prudentemente descritivos, como o *Ensaio Sobre a Natureza e a Função do*

Sacrifício, de Henri Hubert e Marcel Mauss,[1] os pesquisadores ambiciosos sonhavam em elaborar a teoria definitiva que explicaria enfim por que, nas mais diversas culturas, exceto na cristã e no mundo moderno que resultou disso, os homens sempre sacrificaram vítimas para as suas divindades.

Depois de um século de tentativas abortadas, em meados do século XX os antropólogos acabaram se perguntando, de forma muito legítima, se esse fracasso não se devia ao postulado implícito subjacente a seus esforços: a unidade do religioso, que pressupõe a da cultura humana. A pergunta que surgiu foi então se a antropologia devia ser a vítima do "etnocentrismo ocidental".

Nada de mais louvável do que a desconfiança em relação ao etnocentrismo. Como ele não nos ameaçaria, visto que todos os conceitos da antropologia moderna vêm do Ocidente, inclusive a própria noção de etnocentrismo sempre alardeada pelo próprio Ocidente exclusivamente contra si mesmo?

A desconfiança em relação ao etnocentrismo é mais do que legítima: é indispensável. Porém, não se deve fazer dela a arma pré-histórica, como fizeram o falso progressismo e o falso radicalismo da segunda metade do século XX. A noção de etnocentrismo foi colocada então a serviço de um anti-intelectualismo mal disfarçado que reduziu ao silêncio as mais legítimas curiosidades

---

[1] "Essai sur la Nature et la Fonction du Sacrifice". In: Marcel Mauss, *Oeuvres*. Paris, Editions de Minuit, 1968, vol. I, p. 193-354.

antropológicas. Durante alguns anos, a febre de "desconstrução" e de demolição manteve na pesquisa uma excitação intensa, mas hoje enfraquecida, aniquilada por seu próprio sucesso.

Não são as ambições excessivas que nos ameaçam doravante, mas a burocratização e a provincialização de uma pesquisa cada vez mais limitada ao local e ao particular. Depois do descrédito das "grandes questões", na falta de excitante intelectual, a antropologia enfraquece. Muito dinâmica ainda na época de Durkheim e do primeiro Lévi-Strauss, essa disciplina tende hoje a cair numa rotina universitária bastante decepcionante.

Se fosse ainda provado que as famosas "diferenças" são as únicas reais, que são mais decisivamente predominantes do que as semelhanças e as identidades, seria preciso resignar-se. Mas o niilismo dogmático dos últimos 25 anos não passa de uma palavra vanguardista, redobrada por um flagrante absurdo lógico. A orientação da pesquisa está baseada na intimidação "pós-colonialista" e não pode durar para sempre.

Não, o sacrifício não pode se definir primeiramente como um "discurso". Não, a análise saussuriana não pode descontar no religioso. É por sua conta e risco que uma ciência no seu início ridiculariza o senso comum. É preciso voltar ao realismo modesto das disciplinas balbuciantes.

É preciso reanimar a curiosidade que é o verdadeiro motor da antropologia, cada vez mais intimidada pelo esnobismo do nada. Somos a primeira grande civilização a nos livrar completamente dos sacrifícios. A intensa curiosidade que essa instituição nos inspira é inseparável da nossa singularidade. Nem por isso é desqualificada.

A antiga antropologia fazia as perguntas certas. Se as respostas certas não vieram, não é necessariamente porque não existam; talvez seja porque não se vai buscá-las no lugar certo. Longe de esgotar as possibilidades de questionamento, a antropologia, nas suas pesquisas sobre o sacrifício, sempre escamoteou o dado mais óbvio e pertinente, a *violência*.

Há uma proibição muito antiga e poderosa contra a violência religiosa. Longe de nos libertar dela, o vanguardismo exasperado só a reforça ao denunciar como necessariamente tendenciosa e "reacionária" a recusa de escamotear a violência do religioso arcaico. Condena-se toda exploração realista como um esforço para denegrir culturas arcaicas, que, na realidade, não existem há muito tempo.

Para combater a proibição de que a violência religiosa é objeto, é preciso começar identificando-a bem. Para tanto, o melhor a fazer é primeiro dirigir-se ao filósofo que, por ter defendido de maneira rigorosa essa interdição, foi obrigado a formulá-la explicitamente, sob pena de enfraquecê-la. Toda proibição muito explicitada é, por essa mesma razão, ameaçada.

Platão condena todas as representações literárias da violência religiosa. Ele exclui de sua cidade perfeita os artistas que fazem uma exibição às vezes obscena, escandalosa, dessa violência, ou seja, Homero e os poetas trágicos. O que o filósofo teme? Simplesmente uma decomposição do religioso suscetível de se estender ao conjunto da sociedade.

Ao examinarmos as religiões arcaicas com atenção, percebemos que, longe de ser uma inovação platônica, a preocupação de dissimular ou de minimizar sua violência já está presente nos próprios sacrifícios rituais. Ela faz parte do próprio religioso. O sacrifício védico, por exemplo, se esforça para minimizar sua própria violência. Os ritos se organizam de modo a tornar o assassinato da vítima o menos visível possível.

A Índia védica não possui templos, e, antes de fazer um sacrifício, traçavam-se limites de uma área oficialmente destinada a ele, mas *era fora desses limites que a imolação era feita* e, para melhor dissimular esse ato, para evitar o espetáculo do sangue derramado, em vez de cortar a garganta da vítima como era feito inicialmente, ela era sufocada em segredo.

Essa atitude ambígua é frequente. Muitos sistemas sacrificiais se esforçam para minimizar sua própria violência, desculpá-la, às vezes até pedir perdão às vítimas antes de imolá-las. No seu famoso *Tratado sobre os Sacrifícios*[2], Joseph de Maistre insiste nas manobras demasiadamente teatrais, creio, para significar de fato o que pretendem significar.

Comportando-se como normalmente fazem, os sacrificadores escrupulosos chamam sistematicamente a atenção para o que pretendem dissimular: sua própria violência. Sugerem a verdadeira natureza do sacrifício, que no fundo só é

---

[2] Joseph de Maistre, *Les Soirées de Saint-Pétersbourg*. Paris, La Renaissance du Livre, sem data.

uma espécie de assassinato. Trata-se menos de renunciar à violência – nunca se renuncia ao sacrifício – do que enfatizar seu poder de transgressão. O sacrifício é simultaneamente um assassinato e uma ação muito santa. O sacrifício é dividido contra si mesmo.[3]

Sem dúvida, não é por acaso que, na Índia védica uma vez mais, os sacrifícios realmente violentos se eximem de toda comédia de não violência. O grande sacrifício do cavalo, por exemplo, comporta, em princípio, entre outras vítimas, a imolação de um ser humano. Não há nenhuma razão séria para duvidar de sua realidade. Esse sacrifício humano, todavia, é citado incidentalmente, como se não houvesse nada. As comédias não violentas se desencadeiam, em compensação, nos ritos avessos a toda violência real, o do soma,[4] por exemplo.

O sacrifício do soma

O soma é uma planta que crescia de maneira selvagem nas encostas do Himalaia. Os sacrificadores extraíam dela uma bebida qualificada de divina por causa, provavelmente, das suas propriedades alucinógenas. Não há certeza sobre esse ponto, pois não se consegue identificar a planta que se dissimula atrás do termo soma. Tudo o que se sabe é que o consumo da bebida extraída dela fazia parte dos ritos sacrificiais.

---

[3] René Girard, *A Violência e o Sagrado*. Rio de Janeiro, Paz e Terra, 1990.
[4] Bebida sagrada, que produz efeitos alucinógenos, usada nos templos védicos em libações aos deuses. (N. T.)

Para obter a bebida, espremiam-se caules recém-cortados entre pedras. Essa operação era em si um rito sacrificial importante, pois estava associada ao assassinato de maior culpa, o de um brâmane, um membro da casta mais elevada, à qual também pertencem deuses como o Soma.

Diante dos sacrifícios, finalmente, os comentadores védicos ficam ainda mais aterrorizados, transtornados, quando não têm razão para tanto. Isso faz pensar que o sacrifício busca provocar nos participantes e espectadores o temor de uma violência extrema que frequentemente invade os atores e as testemunhas. Esse temor é ainda mais difícil de ser obtido quando a vítima é mais insignificante enquanto vítima, porque se encontra na parte mais inferior da escala dos seres.

Há uma hierarquia das vítimas sacrificiais que é totalmente universal e, coisa estranha, cada um de nós pode verificá-la, pois ela subsiste no fundo de nós mesmos e não requer nenhuma explicação: o homem está no nível mais alto, o animal é intermediário, e o vegetal, no nível mais baixo. É sem dúvida para obter sempre o melhor efeito, nem alto demais nem fraco demais, que os Brâmanas "dramatizam" ao máximo o "sacrifício" do soma e desdramatizam o do homem.

O que substitui os ritos sacrificiais hoje, se é que são de fato substituídos, são os espetáculos violentos. Segundo a dose, o efeito calmante se transforma em excitação violenta, em incitação doentia. Tudo depende aqui de uma regulação análoga àquela que os Brâmanas tentam obter minimizando a violência dos ritos que, "objetivamente", contêm muito, e exagerando a dos ritos que não contêm o suficiente. Nos períodos difíceis, o sistema entra em desordem e a violência aumenta nos espetáculos no mesmo ritmo que na rua. Essa deriva incita nos sábios uma inquietude da mesma ordem da de Platão diante de Homero.

Os Vedas

Conhecemos o sacrifício da Índia chamada de védica graças aos Vedas, livros sagrados ainda hoje universalmente venerados. A palavra *veda* significa "saber", "ciência". Os Vedas são a ciência do quê? Certamente, do sacrifício, que é o verdadeiro princípio unificador dessa religião.

O Rig Veda

As escrituras védicas são um universo pouco conhecido no Ocidente, com a exceção muito relativa do Rig Veda, o Veda das estrofes e dos hinos que pertence ao primeiro estrato desse grande conjunto. É o mais conhecido dos livros védicos, tanto na Índia quanto no Ocidente.

Os Brâmanas

Todos os textos que já citei e os que ainda citarei não provêm do Rig Veda nem do primeiro estrato dos Vedas, mas do segundo, que é composto por várias compilações rituais e comentários sobre os sacrifícios, os Brâmanas.

Não é imprudente da minha parte comentar textos difíceis, desconcertantes e cuja língua é desconhecida para mim? O que me dá essa audácia é a existência de um livro que é uma espécie de antologia razoável dos Brâmanas, cheia de inúmeras citações traduzidas em francês, *La Doctrine du Sacrifice dans les Brahmanas*, de Sylvain Lévi.[5] Não discutirei, portanto, os originais em sânscrito, mas sim o livro de Sylvain Lévi.

Ele vem de uma época (1898) em que os indianistas mais célebres da Europa e da América não somente desdenhavam os Brâmanas, mas os cobriam de insultos grosseiros. Eles não hesitavam em tratar seus autores como idiotas, sabotadores da sua própria cultura.[6] Sylvain Lévi acreditou, pelo contrário, na coerência desses livros, e é por essa razão que se esforçou para torná-los mais acessíveis a simples amadores como eu.

Na época de Sylvain Lévi, os Brâmanas tinham uma reputação tão ruim que seu livro praticamente não teve repercussão. Quando a editora PUF o reimprimiu em 1966, as coisas praticamente não haviam mudado, a julgar pelo prefácio de Louis Renou. Esse indianista eminente reconhece que a hipótese da incoerência derradeira é mais plausível aos seus olhos para os Brâmanas do que a coerência postulada por Sylvain Lévi.

Estou do lado de Sylvain Lévi nesse debate. Penso que a coerência dos Brâmanas é real e que é a mesma, afinal de

---

[5] Paris, PUF, 1966.
[6] Henri Hubert e Marcel Mauss, op. cit., vol. I.

contas, de todos os sistemas sacrificiais arcaicos, mas ela se apresenta de uma forma original, visto que é mais desenvolvida, mais intelectualizada do que em qualquer outro lugar, e ela própria transcende a si mesma, veremos, nos textos tardios que criticam radicalmente o sacrifício.

Sem ser de fato próxima da de Sylvain Lévi, a minha interpretação dos Brâmanas – através do seu livro – justifica a sua confiança no poder intelectual dos grandes textos védicos. É, portanto, à memória desse pesquisador que dedico este trabalho, como prova de admiração e reconhecimento.

As rivalidades dos devas e dos asuras

O que desconcerta de imediato o leitor moderno diante dos Brâmanas são os inúmeros pequenos relatos, jamais idênticos, mas sempre bastante semelhantes (até onde posso julgar), que estão presentes nessas obras. Eles falam todos do mesmo assunto: a rivalidade intensa e sempre renascente entre os devas e os auras, ou seja, os deuses e os demônios.

Por falta de tempo, não poderei dizer tudo o que tenho vontade de dizer, nem justificar plenamente o que direi, e me desculpo por isso. Para começar, observarei que a ausência de homens nesses pequenos dramas não os impede de envolver a espécie humana da mesma forma que os deuses e os demônios. Nessa visão, os homens, assim como os deuses e os demônios, foram criados pelo próprio sacrifício que se torna criador na pessoa de Prajâpati, o maior de todos os deuses. Todas as criaturas inteligentes de Prajâpati estão destinadas às rivalidades, portanto, aos sacrifícios, pois só o sacrifício, como veremos, é capaz de acalmar as rivalidades entre essas criaturas.

Para estudar bem esses pequenos dramas, seria preciso ter mais exemplos do que os colocados à nossa disposição por Sylvain Lévi, que não podia traduzir tudo, evidentemente. Se as ilustrações que ele escolheu são representativas, e penso que devem ser, revelam aspectos essenciais sobre o sacrifício védico.

Para começar, seleciono um primeiro exemplo desses pequenos relatos:

> Os devas e os asuras oriundos de Prajâpati estavam em rivalidade [por questões relativas à terra]. Porém, a terra vacilava. Como faz com uma folha de lótus, o vento a agitava; ela ia às vezes para o lado dos devas, às vezes para o lado dos asuras. Como se aproximava dos deuses, eles disseram: vamos, consolidemos essa terra para fazer dela um ponto de apoio. Ao ficar sólida e estável, coloquemos nela as fogueiras [do sacrifício] [façamos, portanto, um sacrifício] e impediremos nossos rivais de ter uma parte dela... Eles [fizeram um sacrifício] e excluíram da divisão seus rivais.[7]

---

[7] Sylvain Lévi, op. cit., p. 48.

Essa terra que oscila como uma folha de lótus agitada pelo vento não é tão deplorável quanto pretendem os sábios do século XIX, é até bonita, não é mesmo? Mas os autores desses livros quase não se preocupam, visivelmente, com o efeito estético produzido por seus escritos. O que lhes causa interesse são as rivalidades. A característica mais constante delas é a sua perseverança, a recusa nos dois campos de qualquer solução de compromisso.

De onde vem essa intransigência? Primeiramente, pensamos que deve ser o que está em jogo, o objeto da rivalidade, em geral muito precioso, como nesse caso. Entre os deuses e os demônios, há sempre um objeto de que os dois grupos querem ter a posse exclusiva. Em geral, ele é gigantesco, formidável, fantástic...o, na dimensão dos supostos antagonistas... Aqui é a terra, em outro lugar será o sol, a lua, etc. Os deuses e os demônios brigam por toda a criação.

Esse objeto é em geral *impossível de ser compartilhado*, pela simples razão de ser mais uma abstração do que um objeto real, material. É *Vâc*, por exemplo, a *Voz*, ou a língua pela qual os devas e os asuras brigam, ou ainda é o Ano, que significa o tempo...

Em inúmeros casos, entretanto, os deuses e os demônios brigam pelos bens que aparentemente são fáceis de ser compartilhados, aqueles pelos quais os homens, na Índia védica em particular, brigam cruelmente, o *gado*, por exemplo. Aí também, na verdade, compartilhar é impossível, pois não se trata de um pouco ou até muito gado, mas do gado em si, da ideia abstrata do gado.

Nunca são os mesmos objetos duas vezes em seguida. Em cada episódio, de fato, os devas predominam sobre os asuras, graças ao sacrifício que executam melhor do que seus rivais, e essa vitória ritual lhes garante a propriedade do objeto disputado. Quanto mais avançamos, mais compreendemos que os objetos têm pouca importância. Não passam de pretextos para a rivalidade. Sua aquisição pelos deuses, sempre vitoriosos, significa simplesmente que estes progridem com frequência na sua marcha paciente para a imortalidade e a divindade no sentido clássico, que não possuíam no início. Os demônios, pelo contrário, sempre afundam mais no demoníaco.

Se o objeto for secundário, em que consiste o essencial nessas rivalidades? É o temperamento belicoso dos rivais, o seu humor briguento? Nem os devas nem os asuras, a coisa é clara, gostam da paz. Os deuses – pelo menos nos textos traduzidos por Lévi – são ainda mais ávidos e agressivos do que os demônios. Eles conseguem fazer reviver a rivalidade mesmo nas circunstâncias mais propícias para sua extinção.

O caso da lua mostra isso com clareza. É um dos objetos que tanto os deuses quanto os demônios desejam. Ao contrário de tantos outros objetos, a lua, pelo menos na astronomia védica, é eminentemente compartilhável. Todos os meses, ela se divide numa lua crescente e numa lua decrescente. Para evitar uma nova rivalidade, suponho, Prajâpati decidiu designar a primeira aos devas e a segunda aos asuras. Não saberíamos imaginar uma solução mais equitativa, mas os devas não a querem:

> Os deuses tiveram um desejo: como poderíamos ganhar a parte dos asuras?

Eles foram adorando, se sacrificando (praticando a ascese competitiva). Viram os ritos da lua nova e da lua cheia, celebraram-no e ganharam a parte que era dos asuras.[8]

Os deuses desobedecem ao seu criador e protetor principal. Longe de serem punidos, são recompensados, pois "veem" os ritos adequados e executam-no com perfeição. Como sempre, a rivalidade chega ao sacrifício, e o sacrifício, como sempre, resolve a disputa a favor dos devas, que levam a lua inteira sob os olhos de Prajâpati.

"Spardh e samyat"

Para compreender até que ponto a rivalidade é essencial nos nossos pequenos relatos, é preciso observar, com Sylvain Lévi, o rigor e a constância dos termos que a designam.[9] Num primeiro grupo de volumes, a palavra consagrada é *spardh*, que significa exatamente "rivalidade"; num segundo grupo é *samyat*, que significa "conflito". Esses termos têm visivelmente um valor técnico. Os professores e estudantes (*brahmacarin*) deviam recorrer a esses termos em seus seminários sobre os sacrifícios. O que me interessa nessas rivalidades é o mimetismo que visivelmente os faz surgir e depois, tornando-se recíproco, não para de exasperá-los. Para

---

[8] Ibidem, p. 51.
[9] Ibidem, p. 44.

identificar sua gênese, é preciso examinar o começo, sempre o mesmo, de todos os episódios. Os dois grupos são separados, mas não deixam de se observar, e assim que um dos dois se dirige a um objeto, o outro se apressa para imitá-lo, e em pouco tempo há dois desejos em vez de um só, dois desejos necessariamente rivais, dado que têm o mesmo objeto. Em todas as partes, a imitação é o motor da rivalidade.

Essa imitação dá conta de todas as simetrias, de todas as reciprocidades que marcam os nossos relatos *antes* da intervenção do sacrifício, e este produz uma diferença decisiva, sempre a favor dos deuses. Os demônios são apresentados como quase tão sábios quanto os deuses, quase tão exatos na prática ritual, mas não totalmente, e essa é a única razão do seu desmoronamento contínuo no demoníaco, e da ascensão dos deuses para o divino.

As rivalidades sempre recomeçam depois de sua conclusão sacrificial, não porque o conflito é mal resolvido, mas porque sempre há novos objetos que suscitam novos desejos, e esses novos desejos suscitam novas rivalidades, acalmadas cada vez por novas intervenções do sacrifício por muito tempo indecisas, às vezes, mas sempre decididas no final a favor dos deuses.

Essa imitação perpétua do desejo do outro que encontramos em todas as partes nos Brâmanas não é um fenômeno reservado aos deuses e demônios. Ela também se produz com os homens. Essa imitação está presente em todas as criaturas inteligentes de Prajâpati, inseparável, nitidamente, da violência extrema das relações entre os seres inteligentes, os homens, os deuses e os demônios, todos aqueles que devem recorrer ao sacrifício para resolver seus conflitos e se diferenciar cada vez mais.

Há mais de quarenta anos, desenvolvi uma concepção do desejo mais próxima da dos Brâmanas do que das concepções ocidentais atuais: é a concepção mimética. Para aqueles que não a conhecem, vou resumi-la brevemente. Ao contrário dos simples apetites, o desejo é um fenômeno social que começa num desejo já existente, o desejo majoritário, por exemplo, ou o de um indivíduo que tomamos como *modelo*, sem ao menos nos darmos conta disso, porque nós o admiramos exatamente porque todo mundo o admira...

Nossa experiência subjetiva contradiz a verdade do nosso desejo. Quanto mais intenso for esse desejo, mais ele parece ser nosso e somente nosso. Mas essa experiência é mentirosa. Não é por acaso que o desejo mais intenso é o mais contrariado. A prova é que, desde que deixa de sê-lo, sua intensidade diminui. Ninguém instiga o meu desejo de forma tão eficaz quanto o modelo que inspirou "meu" desejo, sobretudo quando ele próprio deseja o objeto, diabolicamente, ao que parece, o mesmo objeto que creio desejar independentemente do modelo que adotei. Quanto mais um desejo for mimético, mais a sua intensidade rivalizante convence seu possuidor sobre a sua "autenticidade", sendo que de fato o modelo é todo-poderoso. O mundo moderno "desmitifica" e "desconstrói" todas as ilusões secundárias, mas é para acrescentar fé à ilusão fundamental do desejo, que não engana os Brâmanas.

Quando quase todos nós, ocidentais modernos, pensamos no desejo em geral e mais particularmente no nosso próprio desejo, acreditamos firmemente que nós mesmos o escolhemos, sem interferência externa. Concordamos com aqueles que enraízam o desejo no Eu, no sujeito, no ego, nas famosas "profundezas de subjetividade", sempre tidas como "insondáveis", é claro.

Nosso universo acredita na espontaneidade do desejo e em particular nas ciências do homem, fiéis ao otimismo do iluminismo. Está aí, a meu ver, a razão principal da hostilidade dos indianistas do século XIX para com os Brâmanas, ou da hostilidade da ciência estabelecida para com a teoria mimética.

Em contrapartida, a teoria mimética vê o que os Brâmanas também veem. Se a rivalidade sempre está presente entre os devas e os asuras, é porque o desejo mimético também aí se encontra. Muitos indícios confirmam que tudo se organiza nos Brâmanas em função do desejo mimético. Um dos aspectos mais visíveis dessa conformidade é a indiferenciação entre os deuses e os demônios durante as suas rivalidades. Não se pode dizer nada de alguns que não seja necessário dizer dos outros. A reciprocidade violenta faz com que sejam cópias idênticas uns dos outros, semelhantes a esses gêmeos, inimigos que pululam nos mitos arcaicos.

Nos mitos fundadores, em geral, é o tema dos gêmeos inimigos que significa a reciprocidade indistinguível do mimetismo. Nos Brâmanas, a questão do caráter idêntico é colocada em relação aos devas e asuras, mas nunca é resolvida. Ela é apresentada como impossível de ser decidida. E temos aí, parece-me, uma versão radical da indiferenciação mítica. Definir os deuses e os demônios como gêmeos ainda os dotaria de muita identificação, e

capítulo 1 - o sacrifício na tradição védica e na tradição judaico-cristã   53 é isso que os Brâmanas negam a eles. Deuses e demônios não são *nem mesmo* gêmeos. Um caráter idêntico que não se pode decidir é mais difícil ainda de ser ultrapassado do que o explícito.

Duas ordens superiores de criaturas foram emitidas por Prajâpati: os devas e os asuras. O direito da primogenitura oscila entre os dois grupos; a primogenitura é às vezes atribuída a uns, às vezes a outros.[10]

Uma única coisa nos nossos pequenos dramas é mais importante do que as rivalidades: o sacrifício que as conclui. O fato de as rivalidades sempre recomeçarem, depois de cada conclusão sacrificial, não significa que essas conclusões sejam temporárias, provisórias. A prova de que não é nada disso é o fato de que o objeto disputado é definitivamente adquirido pelos deuses. As rivalidades sempre recomeçam, mas a cada vez com base num novo objeto e novo desejo. Todos os pequenos dramas dos Brâmanas, nesse sentido, são como uma escada que ora sobe para os deuses, e uma escada que ora desce para os demônios.

Chegada do sacrifício

O que sempre volta é a conclusão sacrificial, embora ela demore um pouco a vir. Ela pode ocorrer imediatamente,

---

[10] Ibidem, p. 36.

desde o primeiro sacrifício, ou mais tarde, no fim de uma dupla série de sacrifícios, os dos deuses e os dos demônios. Às vezes, são os deuses que tomam a iniciativa do sacrifício, e, às vezes, são os demônios. Às vezes, é Prajâpati também: o próprio deus-sacrifício é o primeiro a "ver" o sacrifício, e a sua intervenção é a mais decisiva. Vejo aí a ideia de que, se as rivalidades se exasperam suficientemente, são capazes de gerar, e de fato só elas geram, não o sacrifício ritual imediatamente, é claro, mas sua origem, o assassinato fundador, o modelo dos sacrifícios rituais. O sacrifício não é, em seu princípio, uma invenção humana.

Entre as rivalidades e o sacrifício existe, portanto, uma afinidade jamais desmentida. Vejo a prova disso no fato de que, assim que se oferece um sacrifício, pouco importa em que lugar, pouco importa por quem, os deuses se precipitam todos e entram em rivalidade por isso. Cada um deles deseja que o sacrifício seja oferecido somente a ele e que os outros deuses fiquem excluídos.

Mesmo na ausência de demônios, ou seja, no grupo dos deuses, assim que se trata de sacrifício, rivalidades explodem:

> todos esses deuses chegam com suas pretensões rivais (...). Todas as divindades ficam ao redor do sacerdote no momento em que ele vai pegar a oferenda: "É para mim que ele vai pegá-la! – É para mim!".[11]

[11] Ibidem, p. 53.

Somente o mecanismo vitimário e as condições do seu desencadeamento podem explicar a relação estreita, mas complexa, entre as rivalidades e o sacrifício, que se excluem reciprocamente e que, entretanto, são inseparáveis.

"Vâc"

A presença do desejo mimético me parece ainda mais certa nos Brâmanas porque um dos relatos parafraseados e comentados por Sylvain Lévi é, aparentemente, muito diferente dos outros, no mínimo pelo papel essencial que é desempenhado por uma mulher, o que não é frequente nos Brâmanas. O processo dramático que se desenrola nesse texto não leva ao sacrifício, e a violência propriamente física não tem nenhum papel. Seria possível pensar, portanto, que se trata de algo completamente diferente do que ocorre nas rivalidades furiosas entre os deuses e os demônios. Entretanto, trata-se uma vez mais de desejo e rivalidade mimética, pois o comportamento do personagem feminino, que acabo de mencionar, é dominado pela coqueteria e nada é mais mimético do que ela.

A única diferença é que a coqueteria e o episódio que a coloca em cena se situam nas regiões superiores e ainda benignas do desejo mimético, estranhas à violência física, mas regidas por outras; esse episódio não leva ao sacrifício. O desejo de que falamos aqui é tão mimético quanto em todos os outros lugares, porém trata-se do desejo das regiões superiores e ainda benignas – pelo menos aparentemente – das relações entre os seres, as regiões nas quais as mulheres estão presentes, em que a violência é exclusivamente "psicológica".

O texto a que me refiro se baseia numa palavra do gênero feminino. *Vâc* significa a voz, a palavra, a linguagem. Os Brâmanas usam essa palavra feminina alegoricamente; trata-se de uma mulher sedutora, mas tão vaidosa que se acha superior ao próprio sacrifício! Suas pretensões lembram estranhamente as das teorias recentes e escandalosas que têm a pretensão de dissolver todo o real na linguagem.

Os deuses e os asuras, também provenientes de Prajâpati, ficaram com a herança de Prajâpati o seu pai... os deuses com o sacrifício, Yajña, os asuras com a voz, Vâc... Os deuses disseram a Yajña: "Vâc é uma mulher; fala com ela e ela certamente te convidará. Ou então ele concluiu espontaneamente: Vâc é uma mulher; falarei com ela e ela me convidará. Ele falou com ela. Porém, primeiramente, ela só se mostrou indiferente em relação a ele. É por essa razão que uma mulher, ao ser abordada por um homem, primeiramente só lhe mostra indiferença. Ele disse: "De longe, primeiramente, ela só mostrou indiferença em relação a mim. Eles [os deuses] disseram-lhe: Fala com ela, mestre, e ela certamente te convidará. Ele falou com ela. Ela só lhe falou com um gesto com a cabeça. Ele disse: Ela só me falou com um gesto com a cabeça. [Os deuses] disseram: Fala com ela, mestre, e ela certamente te convidará. Ele falou com ela e ela o convidou a se aproximar dela. É por essa razão que uma mulher convida afinal um homem a se aproximar dela. Ele disse: ela me convidou a aproximar-me dela. Os deuses refletiram: Vâc é uma mulher. Ela não pode puxá-lo para o seu lado [o lado dos demônios]! Fala com ela nos seguintes termos: Eu fico aqui, vem até mim – depois, quando ela o fizer, avisa-nos. Então, como ele permanecia no seu lugar, ela foi até ele. É por essa razão, quando um homem permanece no seu lugar, a mulher vai até ele. Ele anunciou-lhes a sua chegada: Ela chegou, ele disse. Foi assim que os deuses a separaram dos asuras.[12]

Para os Brâmanas, Vâc está abaixo do sacrifício, é claro, mas ela não é menos importante e os deuses querem atraí-la para o seu lado. Mas como separar Vâc dos asuras?

O problema é ainda mais delicado porque Vâc, como boa coquete, fica encantada quando se vê cortejada ao mesmo tempo pelos devas e asuras. Ela gostaria de prolongar indefinidamente a situação sem nunca escolher um dos dois campos. Yajña a obriga a escolher, recorrendo à manobra mais clássica diante do desejo mimético: ele simula indiferença.

---

[12] Ibidem, p. 31-32.

A coqueteria tem a sua origem não na riqueza que ela exibe, mas numa pobreza e nudez desmentidas por seus discursos, porém confirmada por seu comportamento. Pois a coquete se despreza secretamente, somente a indiferença a atrai, e ela, em contrapartida, se desvia de tudo o que a atrai.

Sylvain Lévi caracteriza como vulgares as manobras de Yajña. É um pouco duro. Se essa manobra existe em todas as partes é porque ela é eficaz em todas as partes, e esse texto é prova disso, tanto no Oriente quanto no Ocidente. Esse desejo não é característico de nenhuma cultura, pois é de todas, além de certo nível de liberdade e de refinamento. Em todos os lugares, ele cai nas armadilhas mais grosseiras, visto que é a sua falta de ser que o governa.

Esse texto introduz uma modalidade de rivalidade mimética ainda não suficientemente violenta para levar ao sacrifício. Portanto, é a rivalidade mimética que interessa os Brâmanas, não somente o sacrifício.

Esse texto lembra menos uma meditação sobre o sacrifício do que algumas das nossas obras literárias simplesmente divertidas, as comédias clássicas, por exemplo, ou o romance mundano, o esnobismo proustiano.

A única diferença em relação ao Ocidente nesse texto é que a desigualdade dos sexos impede qualquer reciprocidade. Ao introduzir a igualdade, o Ocidente faz com que o jogo se submeta mais a mudanças imprevistas, portanto mais ágil. O homem é vítima das mesmas manobras que a mulher, tão vulnerável quanto ela. A ideia de que ele só tem que ficar parado para atrair a mulher sempre é passível de ser invertida: *quando é a mulher, diante do desejo masculino, que fica parada, então é o homem que vai até ela.*

Os Brâmanas devem ser caracterizados como obras marcadas por uma perspicácia ausente das obras medíocres, ausente também das nossas ciências humanas que praticamente não colocaram em questão até o momento os pressupostos individualistas do modernismo convencional.

Em alguns textos, descubro uma atmosfera mais próxima de *Mentira Romântica e Verdade Romanesca* do que nos meus livros posteriores. A meu ver, isso mostra que o desejo mimético está bem presente nos Brâmanas, realmente foi bem pensado por eles. Aqui não há sacrifício porque se está fora da violência física.

O texto sobre a coqueteria não leva ao sacrifício mais do que as obras estudadas em *Mentira Romântica e Verdade Romanesca*. Escrevendo esse primeiro livro, não tinha dúvida de que abordaria o sacrifício no segundo.

A diferença mais essencial não está no meu primeiro livro, que busca todos os seus exemplos na literatura moderna e não faz a mínima alusão ao religioso. O sacrifício intervém pela primeira vez no meu segundo livro, *A Violência e o Sagrado* (1972) que, longe de estar separado do primeiro por toda a distância que parece separar a "crítica literária" da antropologia religiosa, está em continuidade perfeita com o primeiro livro. O segundo livro é o resultado obrigatório do primeiro.

O sacrifício

Mais perspicazes, para mim, do que as nossas ciências humanas, os Brâmanas veem a natureza mimética do desejo. Se as rivalidades são abundantes nessas obras, é porque pululam nesse mundo e porque sempre acompanham o sacrifício. A sobrevivência de todas as comunidades seria constantemente ameaçada se não houvesse a intervenção do sacrifício, às vezes, do seu próprio chefe, para colocar fim nisso.

Quando as relações miméticas se deterioram, não é preciso se desesperar, muito pelo contrário, não é indispensável renunciar à violência. Talvez seja até conveniente dar às rivalidades o tempo de se deteriorar para facilitar o sacrifício. São sempre os melhores sacrificadores, os mais hábeis, que se saem bem nesse mundo.

A confiança que os Brâmanas têm no sacrifício é total. Os homens a quem eles recomendam o sacrifício, em vez da renúncia, não são homens quaisquer. São os *ksatryas*, a casta dos príncipes, a aristocracia guerreira, que de alguma forma eram os clientes dos brâmanes na questão dos sacrifícios. Contam com o sacrifício para resolver sempre todos os problemas a favor dos príncipes de quem estão a serviço.

Longe de estigmatizar a avidez competitiva dos deuses, os Brâmanas a estimulam. Eles sempre propõem o recurso do sacrifício para resolver os conflitos, em vez da moderação e da não violência. Visivelmente, os autores não pensam aqui em qualquer um, mas na classe dos príncipes e aristocratas guerreiros, os *ksatryas*, que são os únicos a terem meios de oferecer sacrifícios. Em vez de pregar a moderação e a não violência, os Brâmanas recomendam o sacrifício, a atividade que garante a sua subsistência. Fazem propaganda do sacrifício.

Essa confiança no sacrifício não é absurda no seu princípio, creio, mesmo que com o tempo, necessariamente, passe a ser. Os brâmanes falam do sacrifício como se fosse de uma técnica puramente humana, como se soubessem que o poder da paz e da ordem que ele encarna, por mais real que pareça, não depende de uma transcendência propriamente religiosa, mas de um fenômeno desconhecido e suas únicas condições de desencadeamento são conhecidas. Portanto, o essencial é respeitar escrupulosamente essas condições de desencadeamento que são uma coisa só, em princípio, com as regras rituais. Mesmo aqui a convergência com a teoria mimética é surpreendente. Vou agora resumir as teses miméticas sobre esse fenômeno original e sua reprodução ritual.

O mecanismo vitimário

Quando as rivalidades miméticas ultrapassam um certo limite de intensidade, os rivais esquecem, perdem ou destroem os objetos pelos quais brigavam e brigam mais diretamente uns com os outros. O ódio do rival predomina então em relação ao desejo do objeto. É o instante em que tudo parece perdido, e em muitos casos, talvez, essa perda seja efetiva. Em outros, ao contrário, tudo é salvo, nós o vimos, pelo sacrifício. Em que pode consistir essa salvação?

Enquanto os rivais brigam pelos objetos, não podem se entender. Uma vez destruídos os objetos, separados ou esquecidos, os rivais ficam um diante do outro, e tudo parece estar perdido, pois a violência é redobrada, mas, ao contrário, tudo se salva. O que o desejo de um mesmo objeto nunca faz – reconciliar os adversários –, o ódio por um mesmo inimigo paradoxalmente o faz. Dois, depois três e depois quatro antagonistas vão se unir contra um quinto e, aos poucos, o mimetismo cria uma bola de neve contra um antagonista qualquer. Todo o sistema, então, vai acabar caindo na unanimidade contra um adversário único, um *bode expiatório* escolhido pelo próprio mimetismo.

A confusão crescente, a indiferenciação, podem polarizar uma comunidade inteira contra um único indivíduo, um inimigo derradeiro que aparece de repente como único responsável da catástrofe e é imediatamente linchado. A comunidade então se vê sem inimigo, e a tranquilidade se restabelece. Universalmente banida, de início, a vítima, por causa do seu poder reconciliador, logo será a figura do salvador.

O milagre do sacrifício é a formidável "economia" de violência que ele realiza. Ele polariza contra uma única vítima toda a violência que, um pouco antes, ameaçava a comunidade inteira. Essa liberação parece ainda mais milagrosa por intervir sempre *in extremis,* no momento em que tudo parece perdido.

Cada vez que uma comunidade é salva por um mecanismo de bode expiatório, ela se regozija, mas, rapidamente, se angustia constatando que os efeitos do assassinato fundador são temporários e que a comunidade corre o risco de recair nas rivalidades de que acabam de escapar.

Pressionados pelo medo, todas as comunidades humanas se comportam da mesma maneira. Elas tentam reproduzir o milagre que as salvou, imolando uma nova vítima em vez da primeira, na esperança que a mesma causa produza os mesmos efeitos. E é exatamente o que acontece em todos os lugares onde as comunidades humanas sobrevivem e prosperam. O poder de pacificação enfraquece aos poucos, mas, durante um certo tempo, cada vez que se imola uma vítima substituta, de acordo com o modelo inicial, a violência se apazigua. A primeira iniciativa cultural da humanidade é a imitação do assassinato fundador, que é uma coisa só junto com a invenção do *sacrifício ritual*.

Em muitas sociedades arcaicas, os grandes sacrifícios começavam com um "simulacro de crise", uma desorganização deliberada da comunidade. Nenhum antropólogo foi capaz de compreender de fato o porquê. As estratégias do sacrifício identificavam de maneira lúcida nas rivalidades miméticas um fator favorável ao desencadeamento do mecanismo reconciliador, e eles os cultivavam deliberadamente antes dos sacrifícios, para facilitar a polarização sobre a vítima única.

As rivalidades miméticas dos Brâmanas são uma representação literária da mesma ideia que, no sacrifício védico, pelo que eu saiba, só aparece nessa forma.

Os ritos sacrificiais são todos provavelmente para começar os ritos do tipo que Frazer designa como "ritos de bode expiatório", pois são todos cópias de fenômenos espontâneos desse tipo, sempre facilmente reconhecido. Todas as comunidades humanas desenvolviam antigamente sistemas sacrificiais diferentes uns dos outros, sem dúvida, visto que são cópias de modelos nunca idênticos, mas análogos na essência.

Nos Brâmanas, os sacrifícios oferecidos por Prajâpati simbolizam talvez o próprio fenômeno fundador. Os sacrifícios oferecidos pelos deuses e demônios simbolizam os sacrifícios rituais.

Os Brâmanas são particularmente perspicazes em termos da gênese religiosa no sentido de exaltarem o próprio processo sacrificial ainda mais do que suas vítimas. A maioria dos sistemas sacrificiais faz o contrário. Entretanto, os deuses não são suprimidos, e o maior de todos se torna, como foi dito nos Brâmanas, o próprio sacrifício, Prajâpati.

capítulo 2
os mitos fundadores do sacrifício védico

Já falei sobretudo desse prelúdio quase obrigatório do sacrifício que são as rivalidades dos deuses e dos demônios nos Brâmanas, os grandes comentários védicos sobre os sacrifícios. Essas rivalidades são imitações recíprocas dos desejos. São, portanto, miméticas no sentido da teoria mimética e, como nessa teoria também, em seu paroxismo, geram espontaneamente o sacrifício que as interrompe.

O que os Brâmanas não dizem é a razão da mudança. Para a teoria mimética, de inspiração científica, deve se tratar de um fenômeno puramente natural, desconhecido pelos antropólogos e sociólogos, que deve se desencadear no paroxismo das rivalidades violentas por razões naturais identificáveis. Mostrei que o mimetismo deve mudar de direção de repente e se polarizar totalmente contra uma vítima única, que necessariamente não é culpada, mas de imediato linchada pela comunidade unânime. É o que eu chamo de *assassinato fundador*, ou *mecanismo vitimário*. Através de uma violência limitada a uma única vítima, ele reconcilia a comunidade contra essa mesma vítima e finalmente ao redor dela, pois ela tem a função, em última análise, de salvador inesperado. Essa vítima é, portanto, divinizada no sentido do sagrado arcaico, simultaneamente violento e pacífico, maléfico e benéfico.

As rivalidades incessantes são ao mesmo tempo uma patologia social potencialmente fatal para as comunidades humanas e o terreno propício para o desencadeamento espontâneo do único fenômeno suscetível de dar fim a isso, que podemos chamar de *fenômeno do bode expiatório*, mas talvez seja melhor que eu renuncie a essa expressão, que sei que gera muitos mal-entendidos.

Todas as comunidades humanas percebem com rapidez, necessariamente, que os efeitos benéficos do assassinato fundador não duram para sempre e se esforçam para renová-los imolando, no modelo desse assassinato, novas vítimas escolhidas deliberadamente para esse papel. A invenção do sacrifício ritual deve ser a primeira iniciativa propriamente humana, o ponto de partida da cultura religiosa, a única especificamente humana.

O sacrifício não é, portanto, um instrumento de paz, ele desencadeia um processo de repetições que gera, muito progressivamente, sem dúvida, tudo o que designamos como nossas instituições sociais e políticas. Quanto mais os sacrifícios são repetidos, mais tendem a se tornar o que chamamos de funeral, casamento, ritos de passagem, iniciações de todos os tipos, assim como a realeza e o poder político em geral sempre imbuído de sagrado – em suma, todas as instituições da nossa cultura.

Os benefícios que a humanidade retirou dos sacrifícios são, portanto, reais, e somente essa realidade pode explicar o apego que têm para eles os povos sacrificiais. Sem sacrifícios, pode-se pensar, a humanidade teria sucumbido mil vezes ao poder destruidor de sua própria violência durante a maior parte da sua história e, sobretudo, durante a sua imensa pré-história.

Como as crises miméticas e suas resoluções nunca se desenrolam da mesma maneira, os sacrifícios nunca são exatamente os mesmos em duas sociedades diferentes. Porém, eles sempre se assemelham o suficiente para serem reconhecíveis enquanto sacrifícios. As tentativas recentes de negar a universalidade dessa instituição são contrárias ao bom senso e esterilizam o estudo do religioso.

A cultura humana é religiosa fundamental e originariamente mais do que secundária e acessoriamente. O etnocentrismo mais temível não consiste em minimizar as famosas diferenças entre as culturas (o que ninguém imagina fazer hoje), mas, ao contrário, em exagerá-las para melhor desconhecer o papel universal do religioso, não somente na sobrevivência da humanidade, mas na organização social que surgiu lentamente dos ritos sacrificiais e que os Brâmanas, justamente, pensam em termos de diferença.

A minha justificação relativa do religioso arcaico, o reconhecimento da sua função social, não autoriza os críticos a afirmarem que me excluo da comunidade dos pesquisadores "sérios" nem merece ser refutada porque meu pensamento vem de uma inspiração religiosa e transgride abertamente a racionalidade científica.

Basta ler meus livros com um mínimo de atenção para constatar a falsidade dessa acusação. A teoria mimética dá conta do sacrifício e do religioso arcaico através de uma força puramente natural, o hipermimetismo humano. Como ele exaspera as rivalidades, esse hipermimetismo destrói os padrões de dominância das sociedades animais, mas substitui o paroxismo da violência desencadeada dessa forma por um outro freio natural, o mecanismo vitimário, o assassinato fundador que suscita, por sua vez, os sacrifícios rituais. Nessa gênese, não há o menor recurso à transcendência ou a qualquer coisa "irracional".

A crença religiosa comum a todas as sociedades arcaicas, inclusive a védica, consiste em pensar que o "milagre" do sacrifício, o caráter mínimo de sua violência, é inesperado e incompreensível demais para ter uma explicação natural. Apela-se, portanto, a uma onipotência que está além do homem, transcendental, precisamente.

Há sempre, no pensamento arcaico, uma ilusão religiosa nunca ultrapassada, mesmo nos sistemas mais perspicazes, o védico, por exemplo, mas essa ilusão coexiste, particularmente nos escritos védicos, com um saber do funcionamento sacrificial muito superior a todas as pseudodesmistificações que as explicações modernas tradicionais nos propõem.

A reflexão religiosa do mundo védico está inteiramente baseada no sacrifício e mostra em relação a ele uma perspicácia excepcional insistindo, volto a repetir, nas rivalidades miméticas que antecedem e criam essa misteriosa instituição.

Antes dos Brâmanas, entretanto, a atenção se volta para a vítima do primeiro sacrifício mais do que para o sacrifício diretamente. É a essa primeira vítima que se destina o reconhecimento da comunidade, e ela é, mais do que o sacrifício diretamente, antes de tudo divinizada. É bem assim, repito, que as coisas acontecem na maioria dos sistemas arcaicos.

É assim que acontecem também no primeiro e mais conhecido de todos os livros Vedas, o Rig Veda. Nesse livro, o texto mais célebre, creio, é uma espécie de mito fundador, todo ele dedicado a essa vítima inicial em quem se encarna o poder divino do sacrifício. Ela se chama Purusha.

Veremos mais tarde que existe também, nos Brâmanas, um segundo mito fundador do sacrifício, e não é mais a vítima dessa vez que ele diviniza, mas o próprio sacrifício, a atividade sacrificial. Em relação à teoria mimética, esse segundo mito é mais perspicaz e mais interessante ainda do que o primeiro, mas, por enquanto, é da vítima divinizada que vou falar, do célebre "Purusha Sukta".[1]

O hino a Purusha

O texto a que faço alusão tem o número 90 no décimo e último livro do Rig Veda. Hoje, a palavra *purusha* significa simplesmente "homem". No hino em questão,

---

[1] "Hymne à Purusha", ou "Purusha Sukta" (Rig Veda, X, 90) é aqui reproduzido na tradução de Louis Renou, citada segundo Madeleine Biardeau e Charles Malamoud, *Le Sacrifice dans l'Inde Ancienne*. Louvain-Paris, Peeters, 1996, p. 14-15. "Bibliothèque de l'Ecole des Hautes Études. Sciences Religieuses", vol. 79.

ela designa a primeira de todas as vítimas sacrificiais, impossível definir como um homem no sentido habitual do termo. Os livros de mitologia definem muitas vezes Purusha como "um gigante primordial", e têm o texto que vamos ler numa subcategoria de mitos caracterizada pelo papel central desempenhado por um desses gigantes. Há um na China, outro na Escandinávia. Na Mesopotâmia, o mito de Tiamat morta por Marduk em geral faz parte dessa lista de mitos.

A definição de Purusha como "gigante", mesmo primordial, não corresponde, entretanto, ao que é tratado no hino. Purusha é gigantesco, sem dúvida, e até mais gigantesco, mas não se parece mais com o que imaginamos ser "gigante" do que o que é "homem" para nós. Esta é a primeira estrofe do hino:

> Purusha tem mil cabeças, mil olhos, mil pés. Ao cobrir a terra de um extremo a outro, ele ainda a ultrapassa dez palmos mais...

Purusha nos faz pensar numa espécie de duplo da realidade no seu conjunto, é uma criação antecipada que contém a totalidade dos seres numa forma ainda mal diferenciada. É a partir dessa forma ainda informe que o universo vai emergir, pela virtude do primeiro sacrifício:

> Na grama sagrada, salpicaram Purusha, ou seja, o sacrifício que nasceu nas origens. Através dele os deuses, assim como os santos e os videntes, realizaram o sacrifício.

O fato de todos os sacrificadores preexistirem à primeira criação, original, não é explicado, nem o número que, naturalmente, é grande. São todos os deuses juntos, todos os sábios juntos e também todos os videntes juntos que imolam Purusha. Por que são tão numerosos? O que vem fazer essa multidão numa questão tão sábia, aparentemente tão ordenada quanto esse sacrifício? Nós conceberíamos facilmente essas questões como um enorme envelope contendo a realidade de forma desordenada, talvez uma *piñata*, uma dessas bonecas latino-americanas que recebem pauladas em algumas festas, para tirar delas, abrindo-as, todos os tipos de presentes que contêm.

Por mais sugestiva que seja, a minha última imagem não é verdadeiramente aceitável, pois Purusha não é envelope, tampouco recipiente. Ele é a matéria aglutinada de todas as coisas, e a criação sacrificial consiste em decepá-lo, em deixá-los em pedaços, em trapos.

Diante de Purusha, penso imediatamente no sacrifício dionisíaco, no terrível *diasparagmos*, a avalanche cega de uma multidão histérica que vai para cima de uma vítima atacada com socos, pontapés, arranhões e dentadas, literalmente decepada, esmigalhada por agressores que só serão glorificados mais tarde com o título de "sacrificadores".

A ideia parece boa, mas o tom solene e a serenidade majestosa do hino contradizem o furor histérico da loucura dionisíaca. Longe de ser frenético e improvisado, o sacrifício de Purusha se mostra uma ação longa e sabiamente premeditada, certa de sua justiça e de sua pertinência. Tem-se a impressão de uma resposta direta e positiva a uma exigência religiosa racionalmente assumida por pessoas sábias demais para evitá-la:

> Desse sacrifício (...) foram feitos os animais que estão no ar, os do deserto e os das aglomerações.
> Desse sacrifício (...) nasceram as estrofes, as melodias; a métrica também nasceu dele, assim como as fórmulas litúrgicas.
> Desse sacrifício, nasceram também os cavalos e todos os animais com uma dupla fileira de dentes. As vacas também nasceram dele, assim como as cabras e as ovelhas.
> Depois de terem desmembrado Purusha, como distribuíram as sua partes? O que fizeram com sua boca?
> E o que fizeram com os seus braços? Suas coxas, seus pés, que nome receberam?

Nessa última estrofe, a palavra "desmembrado" chama minha atenção, e é por isso que eu a enfatizo. Ela faz ressurgir a suspeita que em seguida rejeitei. "Desmembrado" faz pensar uma vez mais no dionisíaco, no resultado final da avalanche coletiva contra a vítima.

O sacrifício de Purusha poderia ser a versão muito modificada, muito ajuizada de uma cena que, na sua origem, devia se parecer mais com o linchamento de Penteu pelas Bacantes do que com o hino do Rig Veda. A tendência a minimizar e até suprimir a violência está sempre presente e em todas as partes nos ritos, e só um exame atento pode identificar os vestígios do que Durkheim chamava de "origem vulcânica do religioso".

A teoria mimética é um durkheimismo radicalizado que, longe de preservar o rito, ou seja, o desaparecimento da violência, em vez disso, busca ir até ela e pega muito deliberadamente o mito no sentido contrário. Ela quer fazer ressurgir a violência que pressente por trás dos mitos, mesmo quando é tão dissimulada quanto no caso de Purusha.

Todos os trapos de Purusha, todos os restos de sua carne se transformam em seres perfeitamente formados e constituídos. O linchamento criador permanece muito visível nos inúmeros sistemas religiosos, tão distantes uns dos outros no tempo e no espaço quanto os da Grécia pré-socrática e dos aborígenes australianos no fim do século XIX.

As partes e os pedaços arrancados de Purusha se tornam as diversas partes que constituem a ordem social. Temos aqui a resposta do hino à pergunta do fim da minha citação anterior:

> Sua boca se tornou o Brâmane; o Guerreiro se tornou o produto dos seus braços, as suas coxas se transformaram no Artesão; dos seus pés nasceu o Servidor.

São pedaços cada vez menos nobres de Purusha que dão a substância das quatro "varnas",[2] na sua ordem

---

[2] Todas as castas e subdivisões de castas pertencem a uma das quatro varnas, que controlam juntas todo o sistema, mas não têm existência real.

hierárquica: em primeiro lugar os sacerdotes, em seguida os guerreiros, depois os artesãos e finalmente os sem casta. O desmembramento original se mostra como uma força de separação e de espaçamento que cria não somente os seres vivos, mas também as divisões sociais, os próprios deuses e finalmente toda a criação.

"De Purusha nasceu a energia criadora, e a energia criadora nasceu de Purusha." Mas os únicos sacrificadores, em função de sua violência, podem liberar essa energia e criar a natureza, os astros, o sol, a lua, o céu, a terra, os diversos animais e os hinos religiosos também, a liturgia, a música, absolutamente tudo. A lua nasceu da sua consciência; do seu olhar nasceu o sol; da sua boca Indra e Agni; da sua respiração nasceu o vento.

O espaço aéreo surgiu do seu umbigo, o céu da sua cabeça, a terra dos seus pés, os orientes do seu ouvido: assim foram organizados os mundos.

É de modo bastante "estruturalista", em suma, que as escrituras védicas definem a criação, em termos de espaçamento diferenciador. Entretanto, o processo não é uma separação como para Lévi-Strauss; trata-se de um *esquartejamento* sacrificial. O papel do sacrifício no processo fundador é o que o estruturalismo se recusa a ver e também é o que o rito, ao envelhecer, tenta, em vão, dissimular, o fato de que a ordem seja criada por um paroxismo de violência desordenada.

Tudo o que sugere o furor coletivo, tudo o que contradiz secretamente a serenidade ritual do nosso texto, constitui, creio, uma sobrevivência, um vestígio do que aconteceu de fato na origem, um linchamento apagado em parte pelas inúmeras repetições que sempre reforçam o efeito ritual por excelência, a dissimulação da violência, enfim, inclusive a do próprio sacrifício, a negação do sacrifício.

Identificando o divino com a vítima sacrificial, o "Purusha Sukta" se aproxima da maioria das religiões arcaicas. Somente a última estrofe traz uma nota diferente:

> Os deuses sacrificaram o sacrifício pelo sacrifício. Essas foram as primeiras instituições. Essas forças tiveram acesso ao firmamento, ao lugar onde estão os santos, os deuses originais.

Nessa última estrofe, Purusha aparece não somente como a primeira vítima, a face passiva do sacrifício, mas também como a outra face, a atividade sacrificial. Os dois aspectos são inseparáveis. Essa conclusão anuncia a concepção que vai desabrochar nos Brâmanas, a que diviniza o sacrifício tanto na forma ativa quanto passiva.

Entre os temas que deveriam estar presentes em "Purusha Sukta" e que não estão, há a acusação mítica da qual Purusha é objeto, a acusação fantasiosa e estereotipada que mobiliza os linchadores contra o indivíduo escolhido pelo mimetismo, a acusação que justifica essa escolha e se torna unânime apesar do seu caráter arbitrário, a acusação que justifica o linchamento aos olhos dos linchadores e que, normalmente, aparece de forma explícita nos mitos fundadores, em todo relato de um fenômeno de bode expiatório representado pelos perseguidores.

Deve ter havido versões antigas de "Purusha Sukta" que o tornavam "culpado", um filho parricida e incestuoso, por exemplo, no sentido do Édipo dos gregos. Essa acusação deve ter sido apagada com o tempo, e esse desaparecimento está inscrito na linha geral da evolução em direção ao "religiosamente correto" que caracteriza toda cultura duradoura em um momento ou outro.

Mesmo quando, afinal, a vítima fundadora passa por benéfica, salvadora, ela aparece em primeiro lugar, necessariamente, como "devendo ser morta" por ser criminosa, execrável, infinitamente temerosa. Se a vítima não se mostrasse assim para começar, não haveria acordo no sentido de linchá-la, e sua morte não reconciliaria a comunidade; portanto, ela tampouco seria divinizada.

Não esqueçamos nunca que são os linchadores que nos contam a origem do seu culto sacrificial, e é o seu erro em relação à vítima que faz dela um "bode expiatório". Portanto, é preciso que essa vítima, num primeiro momento, pareça "merecer" seu castigo para "merecer" também, mais tarde, num momento posterior, sua divindade.

As comunidades não identificam, é claro, a natureza puramente mimética e mecânica da sua experiência religiosa. Visto que a vítima é tida como a causadora dos sofrimentos da comunidade, é a vítima também, acredita-se, que deve ter acabado com os seus sofrimentos. É por essa razão, repito, que ela parece finalmente como onipresente, divina.

A gênese de um mito é sempre um grupo de perseguidores que transforma primeiramente o seu bode expiatório, visto somente como maléfico numa divindade benéfica, por causa da sua influência reconciliadora. Para ficar inteiramente satisfeito, para verificar bem a teoria mimética, "Purusha Sukta" deveria conter um pouco mais de vestígios do mecanismo do bode expiatório, na forma dessa acusação contra a vítima, mentirosa, mas indispensável, que infelizmente, no exemplo que tratamos, não está mais presente.

O crime não está mais presente

Isso é essencial, e eu o resumo uma vez mais: deve ter existido, num passado indeterminado, impossível de situar, um crime de Purusha, que era somente uma projeção imaginária, mas necessária, evidentemente, para a fabricação de um bode expiatório bem horrível. Se Purusha não é mais tido como culpado, deve ser por causa da velhice extrema do mito que apagou tudo o que a gênese da ordem religiosa tem de inquietante, de potencialmente revelador da violência fundadora.

Purusha é impecável aos olhos daqueles que o despedaçam. Então, por que o despedaçam? A dimensão transcendental do mito deve supostamente substituir o motivo real que desapareceu, mas isso não passa de um rearranjo tardio de dados modificados pelo desgaste ritual, pela supressão de toda violência.

A acusação mítica acaba desaparecendo no caminho e só subsiste, nos sistemas muito "desgastados", a veneração pela vítima divinizada. O religioso evolui sempre para menos violência e selvageria, ou seja, para o que temos aqui. Aliás, essa é a prova de sua eficácia.

Devido a essa evolução muito normal, "Purusha Sukta" é pobre em relação às informações mesmo indiretas sobre sua própria estruturação mítica, sobre o mecanismo do bode expiatório que ele necessariamente constitui, mas que nada de específico evidencia, afora os detalhes que citei no início, o número surpreendente de sacrificadores e o desmembramento ao qual se dedicam.

Tudo isso não constitui nenhum problema a princípio, e é somente a partir da minha perspectiva de pedagogo que lamento ter que me referir a um mito tão desgastado que me priva da ilustração surpreendente que eu desejava encontrar. Sem dúvida, esse fator diminui a força interpretativa do que estou expondo.

Para convencer meu público de que o sacrifício vem de um fenômeno de bode expiatório, seria necessário um mito mais consistente do que Purusha: ele não é suficientemente criminoso para o meu gosto. Não há nele o mínimo parricídio, nem o menor incesto. O traço mais espetacular da minha demonstração se esvai no momento que preciso dele.

Felizmente para mim, não existe só Purusha. Há um segundo mito fundador do sacrifício nos Vedas, como vimos há pouco, e agora tratarei dele. A acusação que buscamos em vão em "Purusha Sukta", encontraremos nos textos dos Brâmanas sobre Prajâpati, que são provavelmente uma retomada retificada e enriquecida do hino do Rig Veda.

Prajâpati

Nós nos voltamos então para os Brâmanas e para essa criação mítica, sem dúvida já um pouco artificial, mas de perspicácia extraordinária, que já mencionei, Prajâpati. Não devemos ver nele um deus do sacrifício, observa Sylvain Lévi. Esses deuses nos dão a impressão de que o divino e o sacrificial são duas entidades separadas que se juntam por razões fortuitas, estranhas às suas essências respectivas. A união dos dois é consubstancial e é a razão pela qual Lévi chama Prajâpati de *o deus sacrifício*. Quero ir ainda mais longe na mesma direção e dizer *o sacrifício deus*.

Consultemos, portanto, os antecedentes penais de Prajâpati – há diversas variações nos Brâmanas –, e teremos a satisfação de encontrar tudo o que procuramos em vão no que se refere a Purusha.

A palavra composta *prajâpati* quer dizer "senhor das criaturas" e já a encontramos no Rig Veda, bem próximo de "Purusha Sukta". Por que os Brâmanas não retomam a própria palavra *purusha*? As duas concepções são, sem dúvida, próximas, mas estão longe de ser idênticas. A dos Brâmanas, provavelmente a mais recente, é mais tradicional do que aquela que em princípio é mais antiga, e essa tradição bem que poderia ser uma restauração sábia do crime que, por ser unanimemente atribuído ao deus por seus fiéis indignados, justifica o sacrifício primordial. É o crime em nome do qual toda a comunidade se mobiliza contra o bode expiatório que, por causa disso, se torna a força unificadora e salvadora.

Para lançar uma comunidade inteira contra um bode expiatório não é necessário que este seja verdadeiramente culpado, repito, mas é preciso que ele pareça ser aos olhos dos seus linchadores, os verdadeiros autores desse mito que não existiria se os assassinos não tivessem acreditado na maldade da sua vítima, aquela que vai justamente se tornar em seguida uma divindade protetora.

A antropologia moderna nunca resolveu essa dificuldade e não pode resolvê-la, pois, para fazê-lo, é preciso compreender que a acusação é real, que ela se refere a uma vítima real, sobre a qual não sabemos nada, é claro, porém sua realidade é justificada pela frequência da acusação no mundo real, nos fenômenos de multidão, mesmo nos dias de hoje. Os crimes do tipo parricídio, incesto, bestialidade e outros motivos análogos não têm fundamento objetivo, porém não são menos reais enquanto acusação. Mesmo hoje, nós os vemos nas violências coletivas do tipo caça às bruxas, por exemplo, que a meu ver não passam de mitos abortados, impedidos de desabrochar por uma evolução intelectual e espiritual geradora de um ceticismo que subverte a mitologia.

Não interpretar o que dizem os precursores como uma acusação real, ver nisso, como se faz hoje, sonho, poesia, ficção, uma "atividade lúdica" ou outras coisas irreais, estranhas a toda perseguição, significa ridicularizar o mundo, remitificar, pensar de fato como os perseguidores, que consideram sua própria violência como algo de legítimo ou pelo menos negligenciável. Projeta-se, dessa forma, o conjunto do mito no imaginário, e é o que fazem todos os homens modernos para se livrar de sua violência, para escamotear uma vez mais o mecanismo do bode expiatório, que em função disso continua estruturando secretamente as suas interpretações. É a leitura freudiana de Édipo, por exemplo, que, longe de desmistificar as acusações míticas, absolutiza o parricídio e o incesto, atribuindo-os a todos os homens sem exceção.

A maneira moderna de se enganar é considerar o mito inteiramente imaginário, fazer dele pura ficção. Acreditar que o mito não se refere a nenhum fenômeno real, atribuir-lhe um valor "puramente simbólico", é tão falso quanto a crença inversa, a fé na veracidade literal do conjunto. Nos dois casos, não se conhece tampouco o mecanismo que estrutura o mito, o fenômeno de bode expiatório que se deve levar a sério, sem tomá-lo como verdadeiro.

O mito não é inteiramente fictício nem inteiramente real, ele muda um fenômeno que os autores-perseguidores não compreendem e cuja teoria mimética restabelece a miserável verdade. O mito é obra dos perseguidores felizes demais por terem se reconciliado somente para dar prova de espírito crítico e reabilitar sua vítima. É melhor divinizá-la.

Os Brâmanas atribuem a Prajâpati o próprio crime cuja ausência considero lamentável – no plano teórico – em "Purusha Sukta", o crime sempre suscetível de justificar um linchamento aos olhos de uma multidão arcaica ou atrasada, o incesto.

Como Édipo e todas as divindades, Prajâpati tem circunstâncias atenuantes, mas não as mesmas do herói de Sófocles. O deus não pode se tornar sexualmente ativo sem ser culpado de incesto, quando é o pai de todas as criaturas sem exceção. Quando ele faz amor com a deusa Aurora, sua filha, todas as outras criaturas ficam escandalizadas e decidem, unanimemente, é claro – é a unanimidade do linchamento fundador –, matá-lo. A dimensão coletiva está presente, mas a execução da sentença é confiada a um único deus, o mais cruel e sinistro dos deuses védicos, Rudra.

Temos aqui, sobre esse assunto, o texto de Sylvain Lévi:

> Prajâpati não pode se acasalar sem cometer um incesto. Os Brâmanas gostam de contar o crime do seu deus com a indiferença costumeira: "Prajâpati, alguém diz, quis possuir sua própria filha – Dyaus ou Usa. Desejo me acasalar com ela, disse, e a possuiu. Os deuses viram isso como um erro: É ele, dizem, que trata sua filha assim, nossa irmã. Os deuses disseram ao deus que reina sobre os animais: De fato, ele comete uma transgressão ao tratar assim sua filha, nossa irmã; transpassemo-lo. Rudra apontou para ele e o transpassou... Quando a cólera dos deuses se dissipou, eles curaram Prajâpati e arrancaram-lhe...". Os detalhes variam de um texto para outro; a filha de Prajâpati, por exemplo, se transformou em cerva para escapar da paixão culpada de seu pai; ele imediatamente se transforma em cervo. O Kausitaki, que em geral se

diferencia por uma tendência moral, não ousa suprimir o incesto tradicional, mas o transfere de Prajâpati para seus filhos.[3]

Sylvain Lévi fica um pouco chocado com o incesto, cujo caráter tradicional é identificado por ele, mas não vê sua necessidade estrutural. Não é por respeito pela tradição somente que os autores dos Brâmanas o retomam, é porque imaginam sua importância. Talvez tenham encontrado o incesto em textos que não temos; talvez o tenham completamente reinventado. A criatividade da sua solução me faz pensar que a segunda hipótese é a certa.

O fato de que Prajâpati tenha que ser visto como culpado e sofrer o castigo do culpado não impede que os Brâmanas vejam nele o grande deus criador e, imediatamente após sua execução, seus filhos perdoem o seu crime e decidam ressuscitá-lo. Em outros textos dos Brâmanas, não há incesto nem castigo, mas Prajâpati não deixa de passar pela prova da morte e da ressurreição. É sua atividade sacrificial que o desgasta e faz morrer. Ele desmorona e cai despedaçado nos braços de seus filhos deuses que, nesse momento, fazem com que reviva e permitem que continue sua obra. O deus sacrifício submete-se à lei da morte e da ressurreição visto que ele é sua encarnação.

Os autores dos Brâmanas são excelentes especialistas do sacrifício. Não se deve absolutamente concluir de tudo

---

[3] Sylvain Lévi, *La Doctrine du Sacrifice dans les Brahmanas*. Paris, PUF, 1966, p. 118-20.

o que lemos nesse momento que eles desmistificam os mitos da mesma forma que a teoria mimética. Essa desmistificação acabará acontecendo mais tarde, creio, no fim do período propriamente védico, que desemboca nos pensamentos radicalmente críticos em relação ao sacrifício, no budismo, é claro, e nos upanixades, que abordarei mais adiante.

Volta ao deus Soma

O desequilíbrio e a confusão mental, causados pela crise mimética, facilitam as substituições sacrificiais e ajudam os membros da comunidade a substituir o seu rival mimético por aquele que está se transformando no bode expiatório unânime. Uma certa embriaguez, portanto, uma certa vertigem favorece o sucesso da operação sacrificial.

Os autores dos Brâmanas mostram uma extrema perspicácia na identificação das condições de possibilidade dos sacrifícios, em tudo o que facilita os mecanismos de bode expiatório. Eles sabem que, para produzir seu efeito reconciliador, o sacrifício requer uma perda de vigilância e lucidez. Um indício disso é o recurso frequente às drogas alucinógenas nos sacrifícios, assim como a todos os tipos de procedimentos destinados a reproduzir artificialmente o frenesi original, os distúrbios da percepção que facilitam as substituições sacrificiais.

Falei ontem a respeito da bebida sacrificial chamada soma. Se os especialistas pensam que ela provocava a embriaguez, isso se deve ao fato de que certos textos estão de acordo com essa hipótese e também porque, em inúmeros sistemas sacrificiais, todos os tipos de procedimentos eram utilizados para colocar os participantes num outro estado: as pessoas fumavam *cannabis*, tabaco, etc. Girava-se rapidamente ao redor de si mesmo, favorecia-se a excitação sexual. Essas práticas dificultam mais a identificação das substituições sacrificiais. O essencial no sacrifício é sacrificar uma vítima por outra. Tudo aquilo que diminui a acuidade da percepção favorece o sucesso do sacrifício.

Retomemos, então, o deus Soma. A preparação da bebida é concebida como um sacrifício. Mas não se pode matar o deus, visto que é imortal. O fato de sacrificá-lo, seja qual for seu significado exato, não deixa de ser para ele uma experiência desagradável, irritante. Ao sacrificar o deus, as pessoas se expõem às suas represálias.

Entre os inúmeros indivíduos envolvidos na preparação da bebida sagrada, os mais ameaçados eram evidentemente aqueles que esmagavam suas hastes para delas extrair a seiva, os sacrificadores propriamente ditos. O que se deve fazer para atenuar o perigo? Os textos sugerem várias manobras muito reveladoras. Aconselha-se ao sacrificador desviar sua atenção desse deus que está torturando e pensar não nele, mas em outra pessoa que ele preferiria sacrificar se pudesse escolher. E o texto demonstra ter aqui um gênio revelador provavelmente involuntário, mas, por isso mesmo, ainda mais surpreendente. Estas são as palavras que nos transmite Sylvain Lévi:

Quando se bate Soma até a morte, pensamos no nosso inimigo; na falta de um inimigo, temos como objeto em pensamento um punhado de folhas.[4]

Temos aqui, certamente, uma revelação completa da função real do sacrifício. Não se trata de um sacrifício normal, é claro, mas do sacrifício de um deus. O que o texto recomenda ao sacrificador, para protegê-lo da sua vítima, é pensar expressamente naquele que ele tem de fato vontade de matar, naquele que provavelmente mataria se não fosse proibido.

Como a vítima sacrificial aqui se mostra ainda mais preciosa do que o ser que substitui, o significado normal da substituição é inverso, e, ao falar dessa inversão, o texto revela a função real do sacrifício. É uma estratégia para impedir os inimigos de se matarem, dando-lhes vítimas substitutas. Nada mais espantoso do que essa revelação, que não passa de uma espécie de jogo autorizado pela ilusão, sabiamente mantida, de que a violência contra o deus é a mais real e a mais temerosa das duas. No momento dessa encenação, a verdade surge como um raio que fulgura um momento no céu do sacrifício antes que tudo recaia na noite.

Esse texto confirma nossa intuição essencial. O sacrifício é uma estratégia para impedir que a violência se espalhe na comunidade, desviando para uma vítima sacrificável a desordem perigosa que constituiria a morte do inimigo pessoal se isso fosse permitido.

[4] Ibidem, p. 130, na nota.

O sacrifício é um esforço para enganar o desejo de violência, pretendendo, na medida do possível, que a vítima mais perigosa, portanto a mais fascinante, seja a do sacrifício em vez do inimigo que nos persegue na vida cotidiana. Os velhos brâmanes compreendem que entre a violência dos homens e a do sacrifício existe uma relação que, por ser em geral escondida, não deixa de ser essencial, e é essa verdade que, neste texto, é explicitamente formulada. De todas as reflexões sacrificiais sobre o sacrifício, esta é, creio, a mais reveladora de todas.

O mecanismo do bode expiatório forma uma coisa só junto com um mecanismo de substituição que se tornou muito convincente por sua unanimidade, enquanto não se vê sua natureza mimética. Mostra-se sem dificuldade que esse fenômeno está presente não somente no âmago dos sacrifícios védicos, mas também na periferia de muitos deles, em especial no sacrifício do deus Soma.

O sacrifício de Soma faz com que os sacrificadores corram riscos que começam, segundo os Brâmanas, com a compra da planta daqueles que a colhiam nas encostas do Himalaia. Os Brâmanas recomendam que os sacrificadores expliquem bem ao deus que ela seja comprada somente por razões religiosas legítimas, até mesmo louváveis:

> Quando se compra o soma, ele é comprado para reinar nos hinos, para dominá-los. De fato, mata-se o soma quando é prensado; então diz-se a ele:

> Eu te compro para reinar nos hinos, para dominar os hinos, não para que morras.[5]

Comprar ou vender o deus constitui um ato tão culpado que, para desviar sua cólera, não bastava se desculpar e fazer outras protestações virtuosas: recorria-se a um estratagema muito característico da mentalidade sacrificial védica. Para desviar a atenção do deus, havia o esforço de orientá-lo para uma vítima de segunda classe, um estranho, um vagabundo. Propunha-se ao deus um falso culpado, ou seja, um bode expiatório insignificante que lhe era oferecido no lugar dos verdadeiros responsáveis, os sacrificadores.

Trata-se aqui de uma vítima substituta no sentido mais literal. Os sacrificadores oferecem ao deus esse comprador fantasma para que esqueça quem são os verdadeiros compradores e consumidores de sua própria substância:

> Antes de utilizar o soma, o sacerdote entrega as hastes sagradas a um personagem de classe baixa que as vendeu para ele a preço de ouro. "Aquele que vende o soma é mau." Ele [esse intermediário] é o traidor da comédia, e é sobre ele que deve recair a ira do deus e o castigo do assassinato.[6]

A noção de bode expiatório no sentido moderno corresponde perfeitamente à manobra aqui descrita. Se não

---
[5] Ibidem, p. 170.
[6] Ibidem.

o vemos no caso presente, não o veremos em nenhuma parte. Encontramos, então, nesses textos as duas crenças que constituem a realidade do sacrifício e que nos parecem incompatíveis. Há primeiramente a crença na eficácia das substituições, mesmo as mais deliberadas, as mais calculadas. Há em seguida a ideia de que é possível dissimular para o deus a manobra destinada a enganá-lo. Talvez no fundo confiemos na sua cumplicidade passiva, talvez se espere que ele faça de conta que não vê nada.

Os sacrificadores não veem, parece, que é a ignorância em relação ao mecanismo vitimário que o torna eficaz. Em outras palavras, eles identificam esse mecanismo e compreendem-no perfeitamente. Entretanto, continuam desconhecendo-o (*méconnaître*), pois continuam acreditando na sua virtude protetora, posto que se entregam ao jogo que descrevemos aqui.

O conhecimento ritual é prático, técnico; ele não abrange perfeitamente nossa compreensão, incapaz de identificar o mecanismo do bode expiatório sem desmistificá-lo como moralmente insuportável por causa da sua injustiça, e que o vê como ineficaz, portanto, em todas as nossas relações com o divino, a não ser que seja assumido voluntariamente.

Como esperar esconder de um deus, que em princípio lê claramente nas consciências humanas uma encenação tão grosseira quanto esta? Talvez o que se espera desse deus é que feche os olhos, que se torne cúmplice passivo da manobra. A atitude ritual reside aqui num misto de credulidade ingênua e de cinismo extremo, e não compreendemos como eles podem coexistir. Para compreender o que nos obriga a recusar, pelo menos em princípio, essa manipulação dos bodes expiatórios, é preciso se voltar para a Escritura judaico-cristã, e é o que faremos a seguir.

capítulo 3
o sacrifício desvendado nas religiões bíblicas e a religião védica

Encontrei nos Brâmanas o fundamento da minha teoria do sacrifício: o fenômeno chamado de *bode expiatório*. São as rivalidades miméticas que o suscitam polarizando espontaneamente, no seu paroxismo, uma vítima única. A execração e a destruição unânimes de um pseudoinimigo reconciliam a comunidade, ao preço relativamente módico de uma única vítima. O fenômeno é ainda mais precioso porque as comunidades chegam a reproduzi-lo nas vítimas substitutas: é o sacrifício ritual.

Ele está presente em todos os lugares e de maneiras muito semelhantes para justificar a tese que faz dele uma pura ficção, uma pseudoinstituição. Abraçando esse erro, a antropologia moderna ficou condenada a desconhecer as origens sacrificiais e religiosas da humanidade.

O sacrifício é a instituição primordial da cultura humana. Ele está enraizado no mimetismo, mais intenso nos homens do que nos animais mais miméticos, portanto mais conflituoso. A relação dominante-dominado, constitutiva das sociedades animais, não pode mais se estabilizar. Crises miméticas ocorrem, resolvidas pelos primeiros fenômenos de bode expiatório e pelas primeiras repetições rituais. É assim que deve começar a sociedade especificamente humana, baseada nos sacrifícios e nas instituições que resultam disso.

Constatando que são reconciliados por seus bodes expiatórios, mas não sabendo exatamente por que razão, os sacrificadores imitam a violência fundadora tão exatamente quanto possível. É por isso que o sacrifício é assim e, logo, universalmente reconhecível. Porém, os sacrifícios reais nunca são perfeitamente idênticos. O evento fundador varia de uma cultura para outra, dentro de limites estreitos, certamente, mas nunca é idêntico duas vezes seguidas. O que varia também são as lembranças que se tem dele e as interpretações às quais ele é submetido.

Dessa forma, os sacrifícios são diferentes em todos os lugares, mas não a ponto de justificar o relativismo atual, a negociação de toda universalidade, o desprezo pelo religioso. Longe de ser "neurótica", a vontade selvagem de exatidão na imitação responde a uma preocupação legítima de eficácia.

Todas as instituições culturais devem ser interpretadas como transformações do sacrifício, após uma evolução que as especializa aos poucos nos campos de atividade mais carregados de sacrifícios, pois são os mais suscetíveis de criar conflitos: enterros, casamento, iniciação, alimentação, educação, poder político, etc.

As comunidades salvas *in extemis* por seus bodes expiatórios são necessariamente incapazes de reconhecer na violência extraordinária que as protege o puro e simples entusiasmo mimético da violência comum que as ameaça. Entretanto, mesmo nesse estado inicial, puramente naturalista, até mesmo materialista, a teoria mimética não despreza a humanidade e não atribui o religioso somente à superstição imbecil, como faz a antropologia atual. Ela faz ver a razão pela qual todas as sociedades arcaicas acreditam que se beneficiam com a intervenção de uma força sobrenatural que lhes ensinou seus sacrifícios. Essa força sobrenatural em geral é associada à primeira vítima, ao bode expiatório.

Adivinhando que o centro do mistério é o próprio sacrifício, o religioso védico dá prova de uma perspicácia excepcional. Os Brâmanas só parecem "extravagantes" para a imensa ignorância moderna do religioso. Os Vedas vão bem longe na compreensão do sacrifício, mas não escapam, nos textos que lemos até aqui, da origem de erro primordial que caracteriza o religioso arcaico, a sacralização da violência reconciliadora.

Semelhanças dos mitos com os Evangelhos

E o bíblico e o cristão no contexto da teoria mimética? Ao relermos os Evangelhos, encontramos sem dificuldade a sequência de eventos comum aos mitos fundadores e aos nossos pequenos relatos dos Brâmanas: aí também há uma crise mimética que precede um fenômeno de "bode expiatório".

Mesmo os pesquisadores que mais desejam dissolver o religioso no imaginário não podem negar, ainda que seja uma vez, que devem lidar com algo real. A crise presente nos Evangelhos é muito provavelmente histórica. É a asfixia gradativa da pequena nação judaica pela potência romana. A maioria dos historiadores também consente que Jesus de fato existiu e morreu crucificado.

No paroxismo da crise, nos Evangelhos como nos mitos, um drama se desencadeia, e podemos chamá-lo de "sacrificial", no sentido mais amplo, na morte de Jesus, acusado como Édipo, como todos os heróis míticos, de um crime imperdoável: ele pensa que é Deus. Ele será, portanto, crucificado e, afinal, divinizado.

Por que essas semelhanças?

Desde os primeiros séculos da sua existência, o cristianismo suscitou adversários, Celso, por exemplo, que chamavam atenção em relação aos dados que acabo de mencionar. Há nos Evangelhos uma série de fenômenos que lembra a sequência de inúmeros cultos anteriores. Celso já utilizava essas semelhanças para contestar a reivindicação cristã de singularidade.

Depois de ter sido interrompido na Idade Média, o joguinho das comparações recomeçou no mundo moderno e chegou a suscitar um interesse tão grande que os universitários fizeram dele uma disciplina autônoma, o estudo comparado das religiões, que só se interessou, no fundo, em demonstrar a banalidade dos Evangelhos no contexto do religioso universal.

O indivíduo e a multidão na crucificação

Os cristãos seguem ainda mais ansiosamente esses esforços a ponto de se verem vulneráveis, é evidente, na recusa da originalidade fundamental de sua religião. Sua desconfiança em relação ao comparatismo repercute na teoria mimética. Embora esta praticamente não tenha pontos em comum com os métodos nem com a mentalidade da velha religião comparada, ela faz, é inegável, com que as comparações entre o arcaico e o cristão tenham um papel capaz de suscitar para mim uma desconfiança que os resultados, contudo, manifestos do meu trabalho quase não conseguem dissipar. O que a teoria mimética mostra é que a singularidade do cristianismo é literalmente demonstrável, mas numa base paradoxal que é a aceitação de todas as semelhanças tão bem observadas pelos adversários, no fundo, ingênuos, dessa religião.

Ao examinarmos os relatos da morte de Jesus à luz da teoria mimética, percebe-se que o mimetismo tem um papel muito importante, tanto nas testemunhas passivas quanto nas que participam ativamente dessa violência essencialmente coletiva, que é a crucificação.

Identifica-se muito bem esse mimetismo na multidão, primeiramente, e na imitação da multidão à qual se entregam todos os espectadores da crucificação. O exemplo trágico e caricatural dessa imitação são os dois bandidos crucificados à direita e à esquerda de Jesus (um único, porém, segundo Lucas). O fato de serem eles mesmos crucificados não inibe nesses homens o desejo de se juntarem à multidão *imitando-a*. Como a multidão vocifera contra Jesus, os dois bandidos, do alto de suas cruzes, vociferam também. Eles criam a ilusão de sempre terem feito parte dessa multidão, de serem homens como os outros. Pilatos não tem nada em comum com esses infelizes, é claro, mas afinal de contas se comporta como eles: ele faz o que a multidão exige, obedece a ela. Para evitar a rebelião que teme, ele entrega Jesus. Todas as diferenças se fundam na unanimidade mimética. A multidão dissolve a diversidade na imitação, e é engolindo tudo o que está ao seu alcance que ela se constitui. A multidão é o buraco negro do mimetismo violento; é quando o mimetismo é mais denso que ela surge primeiramente.

O maior exemplo é o repúdio de Pedro: assim que ele mergulha numa multidão hostil a Jesus, Pedro não pode deixar de imitar sua hostilidade. Ao psicologizarmos o repúdio, atribuindo-o ao "temperamento influenciável" do apóstolo, tentamos provar (inconscientemente) que, no lugar de Pedro, não teríamos repudiado Jesus. Esse esforço, é preciso notar, é do próprio Pedro antes do seu repúdio. Ele se mostra preocupado demais com a opinião que se tem dele para não adotar cegamente a atitude "politicamente correta" em meio à qual ele tem a infelicidade de se encontrar.

A multidão, que urra "Crucifiquem-no!" quatro dias antes, acolhera Jesus como triunfador. Essa virada é um fenômeno mimético tão banal, tão normal, que os Evangelhos não chegam a notá-la. Esse já era o drama de Jó. Sua comunidade acabou se cansando, parece, de venerar demais o seu ídolo e foi a primeira a linchá-lo.

Portanto, é o mimetismo que reúne todos aqueles que participam da crucificação, enquanto atores ou somente espectadores. É o mimetismo que faz de Jesus o que, de maneira muito evidente, ele se torna naquele momento, um *bode expiatório*, no sentido preciso que dou a essa expressão. A solidão extrema de Jesus é a outra face da antropologia do bode expiatório. Ela é tão absoluta que a vítima tem a impressão de ser rejeitada por Deus e é famoso o grito: "Meu Deus, meu Deus, por que me abandonaste?".

A perfeição do bode expiatório é a sua unanimidade, e é a isso que Pedro faz alusão no começo dos Atos dos Apóstolos citando o Salmo 2,2:

> Os reis da terra apresentaram-se e os governantes se coligaram de comum acordo contra o Senhor, e contra o seu Ungido.[1]

No terceiro Evangelho, que também é obra de Lucas, Jesus comparece não somente diante do grande sacerdote e de Pilatos, mas também diante de Herodes, esse terceiro "rei da terra" que também está em Jerusalém. Para que haja unanimidade, é preciso dar a Herodes pelo menos um pequeno lugar, e é o que Lucas pretende fazer.

Esse autor leva as profecias muito a sério, e tem razão, pois é ao mimetismo hostil das multidões que o Antigo Testamento frequentemente já faz alusão, o mimetismo do qual os profetas já são vítimas. É Jesus que anuncia que morreu "como os profetas". Lucas compreende admiravelmente o funcionamento do mimetismo. Portanto,

---

[1] Salmo 2,1-2, nos Atos 4,25-26.

não se contenta em adicionar Herodes à lista dos juízes malvados diante dos quais Jesus deve comparecer, ele menciona o efeito catártico dessa participação do suplício do bode expiatório: "E nesse mesmo dia Herodes e Pilatos ficaram amigos entre si, pois antes eram inimigos".[2]

A teoria mimética revela a pertinência *mimética* de certas citações bíblicas que acompanham a crucificação nos Evangelhos, ou, nos Atos dos Apóstolos, a que fala da reunião de um grande número de agressores contra uma vítima única, por exemplo, ou aquela que, no Evangelho de João, denuncia o absurdo da violência unânime: "[São muitos os que] me odeiam sem motivo".[3]

Identidade suposta de todas as religiões

Todos os atores e testemunhas da crucificação ou já são hostis a Jesus ou se tornam em virtude do mimetismo que não poupa ninguém. Nos mitos, o mimetismo também é essencial, mas é preciso deduzir a partir de indícios indiretos, é preciso adivinhar a sua ação. Nos Evangelhos ele é manifesto, gritante.

O que digo aqui vai no mesmo sentido, parece, dos esforços daqueles que insistem nas semelhanças entre ele e os mitos com o objetivo de negar a singularidade do

---

[2] Lucas 23,12.
[3] Salmo 36,19, Salmo 69,5.

cristianismo. A teoria mimética coroa os seus esforços, parece, mostrando as causas das chamadas semelhanças: o mimetismo violento.

Os Evangelhos são mitos como outros?

Se o bode expiatório já é importante quando fica dissimulado, ele deve ser mais importante ainda quando se manifesta abertamente, quando chama atenção para si. Nos relatos da Paixão, em vez de se esconder, ele se expõe, domina tudo.

Essa conclusão parece inevitável, mas na verdade não é; ela chega a ser completamente falsa. É a conclusão inversa que se impõe. Por uma razão muito simples: o bode expiatório não pode aparecer enquanto bode expiatório, como é o caso nos Evangelhos, sem perder toda a credibilidade.

Para percebermos isso, vejamos com mais atenção essa expressão que utilizo sempre desde o início destas conferências: *bode expiatório*. Não é um conceito como os outros, mas tem algo de paradoxal no sentido de que é um princípio de ilusão cuja eficácia exige uma ignorância completa a seu respeito. Ter um bode expiatório é não saber que o temos. Assim que o bode expiatório se revela e se designa como tal, perde toda a eficácia.

Revelar sua natureza puramente mimética, como fazem os Evangelhos, significa compreender que não há nada de intelectual ou espiritualmente digno de fé no fenômeno do bode expiatório, é perceber que os perseguidores de qualquer outro bode expiatório, e não somente de Jesus, odeiam-no *sem motivo*, em virtude de uma ilusão que se propaga irresistivelmente nas multidões de perseguidores, mas que não é menos irracional. Trata-se de pura ilusão coletiva, impressionante, sem dúvida, mas mentirosa.

Não se pode compreender que os Evangelhos desmistifiquem essa ilusão sem perceber rapidamente que os mitos, por sua vez, não a desmistificam, e essa incapacidade de desmistificar seus próprios bodes expiatórios define plenamente o religioso arcaico. Os mitos sempre apresentam como verídicas acusações visivelmente absurdas contra Édipo e tantos outros heróis míticos.

Concordo com o fato de que Édipo é culpado de parricídio, que ele seja culpado de incesto, ainda passa, mas que seja culpado desses dois crimes ao mesmo tempo é demasiadamente inverossímil; entretanto, é o que o mito afirma com a maior seriedade.

Todos os mitos veem sua única vítima, seu bode expiatório, como realmente culpado; os mitos confirmam a acusação que justifica o linchamento, e, se a vítima, mais tarde, for divinizada, ela permanece, antes de tudo, sendo a culpada da fase anterior. Toda a "personalidade" de Édipo se reduz ao seu parricídio e incesto. Os mitos refletem para sempre o entusiasmo mimético não desmistificado. Aí temos o único "pensamento" da multidão ao qual vem se acrescentar, mais tarde, o reconhecimento dos linchadores apaziguados por seu próprio linchamento. Eles atribuem esse apaziguamento à vítima e a divinizam, porém, sem nunca descobrir "o erro judiciário" de que são culpados. A divinização vale para o herói a indulgência do júri e das "circunstâncias atenuantes", mas nada mais, e o mito permanece sendo essencialmente uma justificação mentirosa da violência coletiva.

Édipo fica definido por seu duplo crime, e hoje mais do que nunca. Fazendo desse herói o símbolo da condição humana, Freud na verdade só rejuvenesce e universaliza a mentira eterna da mitologia.

O relato da crucificação, em vez de representar a violência unânime a partir do ponto de vista da multidão mistificada, a representa tal como é na realidade. Ele faz aparecer o contágio mimético e a inanidade da acusação. É o que se extrai da nossa leitura da crucificação. Todos esses dramas são fruto da cegueira dos linchadores, uns influenciam os outros contra a sua vítima.

Os relatos bíblicos são a verdadeira representação do que só aparece nos mitos de uma forma mentirosa dominada pela ilusão dos linchadores. Historicamente, o surgimento dessa verdade começa bem antes dos Evangelhos, na Bíblia hebraica que já reabilita muitos bodes expiatórios injustamente perseguidos e expulsos, senão sempre massacrados. José é o primeiro grande exemplo, Jó é outro. Os narradores dos Salmos em geral também são bodes expiatórios à espera de linchamento e, assim como Jó, expressam sua angústia diante da multidão que se fecha sobre eles com o objetivo de linchá-los.

Essa é a verdadeira diferença entre o mítico e o bíblico. O mítico fica até o fim como o enganado dos fenômenos do bode expiatório. O bíblico revela sua mentira anunciando a inocência das vítimas. Se não identificamos o abismo que separa o bíblico do mítico é porque, sob a influência do velho positivismo, imagina-se que, para se distinguir de fato, os textos devem falar de coisas diferentes. No fundo, o mítico e o bíblico divergem radicalmente porque o bíblico rompe pela primeira vez com a mentira cultural por excelência, ainda não revelada, com os fenômenos de bode expiatório nos quais a cultura humana se baseia.

O fato contado é essencial, visto que é a injustiça social por excelência; porém, a maneira de representá-lo é mais essencial ainda. Se o espírito moderno anda nesse abismo sem nem mesmo observá-lo, é porque caiu voluntariamente na mesma mentira. Não é preciso concluir a partir disso que esse abismo não está presente.

Nos mitos, só há uma única perspectiva em relação ao bode expiatório, a da multidão inteira mobilizada contra sua vítima que fala com uma só voz. A vítima, volto a dizer, parece condenada justamente. Édipo merece a sua expulsão.

Nos Evangelhos, essa perspectiva fica presente, mas é desacreditada. É sempre a perspectiva da multidão, a perspectiva da maioria, mas não é mais unânime. Ela é vitoriosamente negada por uma pequena minoria dissidente que, depois de ter quase sucumbido ao contágio coletivo, reabilita o bode expiatório. Por mais precária e fraca que seja essa pequena minoria, ela é a voz autêntica do cristianismo que será reprimida, asfixiada, mas nunca inteiramente eliminada. O futuro lhe pertence e logo ela desacreditará para sempre toda a mitologia.

A pequena minoria evangélica vai ensinar aos homens não somente a inocência absoluta da vítima excepcional que é Jesus, mas a inocência relativa de todos os bodes expiatórios da história humana. Essa voz, mesmo mal compreendida, mesmo deformada, destruiu para sempre a credibilidade das religiões míticas e desencadeou a maior revolução cultural da história humana. Em todos os lugares em que os Evangelhos são implantados, os sacrifícios se enfraquecem e desaparecem, nenhuma religião arcaica nova pode surgir.

Para compreender a diferença do mítico e do evangélico, é preciso primeiramente aceitar e associar as semelhanças que não somente não tornam os dois tipos de textos equivalentes, como ainda se pretende hoje, mas que são a condição *sine qua non* da sua divergência essencial. É sempre um fenômeno de bode expiatório que os grandes textos religiosos contam. Porém, as religiões míticas o contam como se fosse verdade, sendo que a religião bíblica reconhece a sua falsidade, apesar dos obstáculos extraordinários que se opõem a esse reconhecimento. Esses obstáculos vêm evidentemente do fato de que todos os espectadores e atores da violência não duvidam de sua legitimidade. Só há falsos testemunhos. Ou o fenômeno mimético se produz, mas é imperceptível por ser unânime, ou não é unânime e não se produz.

Nada é mais misterioso, portanto, do que a existência de textos que introduzem a verdade num mundo no qual em princípio ela não pode penetrar. Essa verdade tem uma dimensão religiosa, mas num sentido completamente diferente daquele dos mitos. A divindade de Jesus é totalmente diferente da dos heróis míticos, mas é também uma verdade antropológica, a bem dizer científica, que esses textos nos trazem, uma decodificação rigorosa do enigma mitológico indecifrável em todos os lugares, decifrado nos relatos da crucificação.

Os mitos são os relatos absolutamente não falsificados; contudo, são enganosos por seus entusiasmos miméticos cujo papel gerador, uma vez percebido, é verificado através de inúmeros indícios indiretos; o fato, por exemplo, de a vítima ser vista em todas as partes e sempre como mais violenta, mais perigosa do que a multidão que na verdade é a única que é violenta... o fato de a vítima ser em geral dotada de sinais vitimários, que fazem com que seja um alvo preferencial para os perseguidores e predadores, frequentemente atraídos por certas marcas físicas que distinguem os seus possuidores no meio de uma multidão indiferenciada.

Um mito fundador é um fenômeno de bode expiatório deformado de uma determinada maneira específica e sempre reconhecível, pois são os próprios linchadores que o contam, em outras palavras, os beneficiários jamais desiludidos com a reconciliação que resulta do linchamento unânime e de nada mais.

Os grandes dramas bíblicos e os Evangelhos são também fenômenos de bode expiatório, porém, nesse caso, contados por minorias que se destacam da multidão para denunciar o entusiasmo mimético e reabilitar as vítimas falsamente acusadas.

Trata-se da mesma sequência de fenômenos nos dois casos, o mesmo entusiasmo mimético, o mesmo fenômeno de bode expiatório, mas, nos mitos, ele estrutura o conjunto do texto, pois estrutura a visão dos seus autores, os próprios linchadores. Nos mesmos Evangelhos, ele não estrutura nada mais, é descrito com uma riqueza de detalhes impressionante, mas passou a ser um tema inerte do texto. Ele não pode enganar mais ninguém.

O agrupamento das pessoas contra a vítima única vem de um poder de estruturação que não pode se exercer até o fim sem se dissimular aos olhos daqueles cuja visão estrutura. É um poder de ilusão ao qual as sociedades arcaicas sucumbem, portanto, não sabem nada a seu respeito. Devem a ele as suas instituições religiosas, mas ignoram sua existência.

Os mitos permanecem solidários à ilusão mimética que reúne as multidões contra as suas vítimas, e é pelo fato de representarem a violência unânime como o castigo justo de um culpado. E é por essa razão também que os mitos são associados a sistemas sacrificiais, cujo bode expiatório inicial é visto como o fundador.

Em vez de nos mostrar, como fazem os mitos, uma vítima única sempre culpada, massacrada por uma multidão sempre inocente, os textos bíblicos e os relatos da crucificação recolocam no lugar a verdade sempre invertida pelos mitos, a verdade que, antes da revelação bíblica, não encontra seu lugar na cidade dos homens. É a razão pela qual os Evangelhos definem o mundo humano como o reino de Satanás, o acusador, aquele que faz condenar vítimas inocentes.

Se os grandes textos religiosos não falavam todos do mesmo fenômeno, do mesmo mecanismo de bode expiatório, se falavam de várias coisas, eles certamente divergiam, mas suas diferenças não teriam interesse religioso nem antropológico. Seria a diferença indiferente e fastidiosa do diferencialismo contemporâneo, a diferença sem identidade do neosaussurismo ideológico e outras bobagens que o contemporâneo abraça para escamotear todos os problemas reais, todas as questões realmente interessantes.

O judaísmo e o cristianismo são radicalmente diferentes dos mitos, pois são os únicos que revelam um fenômeno cuja existência os mitos nem mesmo suspeitam, não porque lhe são estranhos, mas porque são uma coisa só. O bíblico e o evangélico privam lentamente a humanidade de suas últimas muletas sacrificiais; eles nos confrontam com a nossa própria violência.

O paradoxo do bode expiatório

Compreender que o bode expiatório, longe de ser culpado, é inocente, não pertinente, significa destruir seu poder de estruturação, desmistificar de fato os mitos ou desconstruí-los, se preferirmos, significa aniquilar o religioso arcaico, mas somente ele. Significa revelar um religioso completamente diferente, mas inseparável do antigo.

Devemos, portanto, reconhecer a existência de um paradoxo com uma dupla face. Nenhum texto estruturado por um fenômeno de bode expiatório pode revelar o mecanismo que o estrutura. Essa primeira parte do paradoxo é a mitologia. A segunda parte é o bíblico: nenhum texto que revela o mecanismo do bode expiatório pode ser estruturado por ele, e é a verdade dos mitos que ele enuncia. O fato de que esse duplo paradoxo é, com muita frequência, despercebido pelos próprios cristãos, diz muito sobre a extraordinária afinidade da humanidade com os bodes expiatórios e sobre os recursos quase infinitos da nossa hipocrisia para ignorar a revelação judaica e cristã.

O erro colossal de Nietzsche foi não ter visto o que implica, para a relação entre o mítico e o bíblico, a natureza inconsciente do fenômeno chamado de bode expiatório. São as religiões sacrificiais que encarnam a escravidão em todas as suas formas, enquanto o bíblico e o cristão conquistam uma verdade e uma liberdade que os homens podem usar muito mal, evidentemente, mas que os libera para sempre da dominação mitológica.

Enganam-se completamente aqueles que dizem os Evangelhos e a Bíblia pensam em termos de bodes expiatórios e de perseguições subterrâneas sob o pretexto de que a Bíblia e os Evangelhos falam abertamente dessas coisas, enquanto os mitos não falam disso nunca. Não falam nunca porque são totalmente tomados por isso. Enganam-se completamente aqueles que veem os mitos como demasiadamente luminosos, ensolarados, "gregos", para se tornarem culpados de perseguições escondidas.

Eles não sabem o que fazem

A prova de que os Evangelhos veem o que os mitos não veem, a dimensão de inconsciência dos fenômenos de bode expiatório, é a sua atitude em relação aos assassinos de Jesus, que não tem nada de vingativa, ao contrário do que nos contam hoje. Longe de estigmatizar impiedosamente esses infelizes, os Evangelhos enxergam neles homens semelhantes a todos os outros; eles fizeram o que os homens sempre fizeram até esse dia em circunstâncias análogas.

A crucificação é única no plano teológico, mas extremamente banal no plano antropológico. A frase essencial aqui é a de Jesus durante a crucificação: "Pai, perdoa-lhes: não sabem o que fazem" (Lucas 23,34).

Nos Atos, Pedro mostra no seu discurso à multidão de Jerusalém que é preciso compreender essas palavras ao pé da letra. Ele explica a esses homens que nem eles, nem mesmo os seus chefes, contudo mais culpados do que eles, devem se desesperar diante da extensão do seu crime. Não se trata aqui de apagar a culpa desses assassinos, mas de constatar que ela é feita justamente de uma ignorância universal.[4] O fato de que a vítima é o Filho único de Deus não torna os assassinos mais culpados do que os outros homens. Não ver isso é deixar de ver o essencial da revelação cristã.

Os Evangelhos sabem o que fazem

Há ainda uma outra coisa que confirma a interpretação mimética, trata-se da sua presença explícita nos Evangelhos.

[4] Atos dos Apóstolos 3,69.

Somente os Evangelhos são de fato capazes de resumir as observações que fizemos há pouco sobre a crucificação. Tudo o que constatamos é admiravelmente formulado e reformulado nos próprios textos evangélicos, nos títulos, por exemplo, que seus companheiros conferem a Jesus ou que Jesus confere a si mesmo. Eles conferem a todos de maneira metafórica, porém transparente, uma forma muito violenta do que denominei de mecanismo do bode expiatório.

Caifás

Uma frase que torna o fenômeno em questão muito explícito é aquela que pronuncia o grande sacerdote Caifás para justificar o complô contra Jesus: "Não compreendeis que é de vosso interesse que um só homem morra pelo povo, e não pereça a nação toda?".

Graças a uma única vítima muitos são poupados. É a definição que eu mesmo dei do sacrifício.

A pedra rejeitada pelos edificadores

Outra fórmula que define o papel do bode expiatório em todas as fundações religiosas se encontra no Salmo 118: "A pedra que os edificadores tinham rejeitado tornou-se a pedra angular?".[5]

---

[5] Lucas 20,17-18.

Jesus pede aos seus ouvintes que lhe expliquem essa frase, mas ninguém responde. Trata-se da vítima única, do bode expiatório universalmente expulso e que, no fim desse processo, está no topo do edifício religioso fundado por ele e sobre ele. É o que vai acontecer também com Jesus: a forma do processo é a mesma, mas o seu significado é diferente.

A todos os títulos de Jesus nos Sinópticos, deve-se acrescentar a definição do Logos no Evangelho de João. Aqueles que tentam minimizar a originalidade do Logos cristão, insistindo na origem grega dessa noção, não veem que a definição de João não tem nada a ver com a grega. Ela incorpora a ideia cristã essencial da exclusão, da expulsão à de Logos para definir um Logos emissário, por assim dizer, muito estranho ao pensamento grego:

> A luz brilha nas trevas,
> mas as trevas não a apreenderam
> Ele estava no mundo
> e o mundo foi feito por meio dele,
> mas o mundo não o reconheceu
> Veio para o que era seu
> e os seus não o receberam
> A luz brilhou nas trevas,
> mas as trevas a rejeitaram.[6]

Tudo o que acabo de mencionar também se encontra nos textos evangélicos mais extensos, nas parábolas, por exemplo, e em particular na mais extraordinária de todas,

[6] João 1,5-11.

a partir do nosso ponto de vista, a "Parábola dos viticultores homicidas". Ela mostra que a aglomeração unânime das pessoas e a morte de Jesus são precedidas por uma longa série de fenômenos análogos, todos interpretados como tentativas violentas para despossuir completamente o senhor da vinha, Deus Pai, aniquilando todos os seus mensageiros, e, por último, o seu próprio Filho que é assassinado. Os viticultores homicidas transformam todos os enviados de Deus em "bodes expiatórios".

Cordeiro de Deus

Seria possível me criticar dizendo que a expressão "bode expiatório" não consta nos Evangelhos com todas as letras, e a isso respondo que a fórmula exata importa pouco, só conta a realidade por trás dela. Aliás, existe no Novo Testamento uma expressão criada somente para Jesus e que define admiravelmente tudo o que diz "bode expiatório" numa metáfora tão próxima quanto possível da que eu mesmo utilizo, mas muito superior em termos de verdade: é "cordeiro de Deus", que nos livra da vulgaridade inútil do bode e torna mais visível ainda a inocência da vítima injustamente sacrificada.

A origem do religioso e da humanidade

Os modernos que veem nos Evangelhos "um mito de morte e de ressurreição como os outros" chegam a essa conclusão sobre a fé de analogias reais, realmente observadas, mas que não são suficientes, longe disso, para abolir toda a diferença entre o mítico e o cristão. Para apreender de fato essa relação, é preciso começar a admitir as semelhanças em questão, compreender que os Evangelhos, como os mitos, nos oferecem um fenômeno de bode expiatório, mas, ao contrário dos mitos, que refletem o mecanismo de unanimidade sem jamais compreendê-lo, os Evangelhos revelam esse mesmo mecanismo e, à medida que essa revelação é assimilada, fazem com que seja incapaz de funcionar.

É por essa razão que nos lugares em que os Evangelhos se implantam, os sacrifícios sangrentos desaparecem para sempre, e a maior revolução cultural da humanidade se desencadeia.

Volta aos Brâmanas

O que acabo de dizer sobre a Bíblia e os Evangelhos parece muito com uma proclamação da superioridade absoluta do judaico e do cristão sobre as outras religiões, em particular a tradição védica. Tudo o que aprendemos sobre ela nos mostra um pensamento rigoroso, às vezes sutil, mas, no contexto sacrificial, sempre interpretado de maneira mística. Por isso, esse pensamento está sempre enraizado nos fenômenos de bode expiatório não decifrados, portanto nunca separados da ilusão sacrificial.

Na verdade, nosso panorama é muito limitado para justificar a menor conclusão. Não temos mais tempo para completar o nosso saber, mas não deixarei de mencionar desdobramentos que não podemos estudar, porém, que são essenciais para o nosso tema. Trata-se, naturalmente – os meus ouvintes imaginam –, da presença de uma inspiração antissacrificial e até mesmo não sacrificial nas partes mais avançadas da tradição védica, as que anunciam o grande misticismo indiano dos upanixades, e também aquela que, saindo da Índia, acabará criando o budismo.

Não tenho tempo nem competência suficiente para me aprofundar nesse tema; mesmo assim, vou citar dois textos que falam diretamente sobre o sacrifício e que mostram uma grande mudança em relação a ele.

O meu primeiro texto está no livro do qual extraí o essencial das minhas duas conferências, *La Doctrine du Sacrifice dans les Brahmanas*,[7] de Sylvain Lévi, e é o único do gênero nessa coletânea. Ele se apresenta como um tipo de fábula satírica e até nitidamente cômica contra a piedade tradicional em relação ao sacrifício. O homem primordial, Manu, é o herói um tanto ridículo. Ele é sempre representado como um modelo de piedade, e é esse o caso aqui. A piedade consiste principalmente em aceitar a oferta dos brâmanes que propõem sacrificar em seu nome.

O que sugere essa sátira é que os sacrificadores quase não têm objetivos egoístas, propondo aos seus "clientes" sacrifícios muito onerosos e, privando-os do necessário, indispensável, transformam-se em calamidades.

---

[7] Sylvain Lévi, *La Doctrine du Sacrifice dans les Brahmanas*. Paris, PUF, 1966.

Os sacrificadores aqui são asuras, ou seja, demônios egoístas e maus que só se preocupam com seu conforto pessoal:

> Preocupado somente com os efeitos do sacrifício, Manu mostra a mesma indiferença aos deuses e aos asuras; para ele, não passam de agentes eficazes que fazem funcionar o mecanismo todo-poderoso. Com o mesmo sangue-frio imperturbável, ele cede aos sacrificadores divinos e demoníacos os seus utensílios, o seu touro, mesmo a sua esposa e até seus convidados, confiando na necessidade do resultado esperado.
>
> Manu tinha vasos e, quando batiam neles, todos os asuras que ouviam o barulho deixavam de existir naquele dia. Pois bem, havia então, entre os asuras, dois brâmanes, Trstra e Varutri; eles disseram a um e ao outro: Curai-vos desse mal. Os dois disseram: Manu, tu és um sacrificante; teu deus é a confiança. Dá-nos esses vasos. Ele os entregou: destruíram-nos com fogo. Um touro lambeu as chamas, a voz entrou nele. Quando mugia, todos os asuras que ouviam seu mugido paravam de existir naquele dia. Trstra e Varutri disseram: Manu, tu é um sacrificante, teu deus é a confiança; vamos sacrificar esse touro para ti. Sacrificaram o touro para ele, a voz passou para

a mulher de Manu; quando ela falava, todos os asuras que a ouviam paravam de existir naquele dia. Trstra e Varutri disseram: Manu, tu és um sacrificante; teu deus é a confiança; vamos sacrificar a tua mulher para ti. Aspergiram-na com água, levaram-na ao redor do fogo, arrumaram madeira e folhas. Indra observou: Esses dois asuras ardilosos deixam Manu sem sua esposa. Como Indra se via como um brâmane, aproximou-se e disse: Manu, tu és um sacrificante; teu deus é a confiança; quero sacrificar por ti. – Quem és tu? – Um brâmane. Qual é a finalidade de pedir o pai de um brâmane ou sua mãe? Como é possível encontrar a ciência sagrada nele, seu pai se encontra nele, seu avô se encontra nele. – Qual será a oferenda? – Esses dois brâmanes. – Sou o mestre desses dois brâmanes? – Tu és o mestre deles; quem oferece a hospitalidade é mestre de seus convidados. Ele deu um passo adiante para destruir o segundo altar... Os falsos brâmanes levaram madeira e folhas para lá; disseram [a Indra]: Que fazes aqui? – Vou sacrificar para Manu. – Com o quê? Vós sereis o sacrifício. [Os falsos brâmanes] compreenderam então que ele era Indra; jogaram a madeira e as folhas e fugiram... Manu disse a Indra: acaba o meu sacrifício, que meu sacrifício não se disperse. Ele lhe disse: O que desejavas [...] sacrificando [tua esposa] tu terás; mas não sacrifique essa mulher. E ele não a sacrificou.[8]

Por trás dos demônios, é toda a classe dos brâmanes que é visada. Os brâmanes só tinham um papel de vigilância passiva nos sacrifícios, mas, nos honorários pagos pelos sacrificantes, ficavam com a melhor parte.

O relato é, portanto, uma sátira mordaz da forma como o *establishment* religioso explora a piedade dos sacrificantes.

Manu é levado a aceitar sacrifícios cada vez mais desastrosos para sua família e para si mesmo. Assiste-se a uma escalada sacrificial: os falsos brâmanes, primeiramente, sacrificam os vasos de Manu, ou seja, objetos materiais, preciosos sem dúvida para um homem que não tem praticamente nada, mas de pouco valor objetivo. Vem em seguida o touro, mais precioso do que os vasos, sem dúvida, porém, menos precioso do que a terceira vítima, um ser humano que dessa vez é a própria esposa de Manu. O respeito excessivo de Manu em relação aos sacrifícios e sacrificadores o leva a renúncias cada vez mais catastróficas para ele, até o momento em que o grande deus, Indra, interrompe o jogo, mostrando aos sacrificadores que correm o risco, por sua vez, de se transformarem em vítimas.

---

[8] Ibidem, p. 118-20.

A obediência cega ao imperativo sacrificial, recomendada pelos astuciosos brâmanes, levaria a um assassinato abominável se Indra não interferisse para tirar Manu das garras dos dois demônios.

Essa crítica irônica do sacrifício lembra a de certos profetas de Israel, e aqui, em particular, um texto de Miqueias mostra a mesma escalada sacrificial, para condenar nela uma tendência autodestrutiva. O sacrifício humano aqui é o de um filho mais velho, que durante muito tempo fora devastador no Oriente Médio e que o judaísmo abolira, mas que tendia a se perpetuar ilegalmente.

Para restituir ao sacrifício uma eficácia perdida, os fiéis mais piedosos tendem a exagerar a dose, a oferecer vítimas cada vez mais preciosas sem ver o perigo dessa prática, seu caráter regressivo e finalmente autodestrutivo:

> Com que me apresentarei diante de
> Iahweh,
> e me inclinarei diante do Deus do céu?
> Porventura me apresentarei com
> holocaustos
> ou com novilhos de um ano?
> Terá Iahweh prazer nos milhares de
> carneiros
> ou nas libações de torrentes de óleo?
> Darei eu meu primogênito pelo meu crime,
> o fruto de minhas entranhas pelo meu
> pecado?[9]

[9] Miqueias 6,60.

O sacrifício, quando procura ser eficaz selecionando uma vítima cada vez mais preciosa, atacando os próprios seres que deveria proteger, regride para o sacrifício humano. Ele perde toda a sua coerência. O único poder que conserva ainda o sacrifício é o de agravar a crise religiosa causada por sua crescente ineficácia.

Os dois textos, o védico e o bíblico, no fundo, formulam a mesma crítica do sacrifício, que pretende desviar os homens da violência, mas na realidade a favorece. É a mesma dos dois lados, mas, na Índia, ela se manifesta de modo irônico e satírico.

Para terminar, vou citar outra sátira do sacrifício védico que tem uma relação com os dois textos anteriores. Ele vem de uma coletânea que se intitula *Buddha Birth Stories*, e me parece muito próximo pelo espírito do relato em relação a Manu e seus sacrifícios. Aqui ainda o sacrifício é desviado de seu primeiro uso, mas, dessa vez, é de modo muito deliberado que o sacrificador do rei usa de forma egoísta e criminosa o poder que possui.

> Era uma vez em Benarès um rei que se chamava Brahmandatta, e o seu capelão, um moreno que perdera todos os seus dentes. A mulher desse capelão tinha uma relação ilícita com um outro brâmane, este também moreno e desdentado.
>
> Como não conseguia interromper essa relação, o capelão decidiu recorrer aos grandes meios. Ele foi encontrar o

monarca e disse-lhe que a porta sul da
sua capital estava mal colocada e que
podia lhe trazer infortúnio. Era preciso
reconstruí-la com materiais melhorados
por um sacrifício que seria feito nas
melhores condições. Era necessário ter
como vítima um brâmane moreno e
desdentado de linhagem pura dos dois
lados da família. O rei consentiu, mas
o tonto do capelão não conseguiu, ao
voltar para a sua casa, deixar de se vangloriar da sua habilidade diante de sua
mulher que, assim que ele adormeceu,
correu para avisar o seu amante, e o
próprio amante correu para avisar todos
os outros brâmanes também morenos
e desdentados, que fugiram todos de
Benarès antes da alvorada.

Como o capelão era o único brâmane na
cidade que correspondia às condições
necessárias para servir de vítima, o rei o
prendeu para que fosse executado.[10]

Diante desse texto, penso ainda num outro texto, *Édipo Rei*, de Sófocles, e na reflexão feita a respeito dele por Hölderlin pouco tempo antes de perder a razão. Hölderlin se pergunta se Édipo, "ao interpretar muito infinitamente" o oráculo, ou seja, vendo nele uma exigência

---

[10] *Jataka*, IV, 345 ss, citado em Arthur Maurice Hocart, *Kings and Councillors*. Chicago, The University of Chicago, 1970, p. 193.

de investigação criminal, não atraiu para si as represálias vitoriosas de Creonte, que conseguiu fazer dele o "bode expiatório" que Édipo queria fazer de Creonte. Nós mesmos caímos com frequência na armadilha para a qual tentamos atrair o nosso adversário. Essa poderia ser, creio, a lição de *Édipo Rei*, e é certamente a lição dos dois relatos sacrificiais que li para vocês anteriormente. É capturado aquele que pensava capturar. Deixo vocês na companhia dessa ideia...

referências bibliográficas

BIARDEAU, Madeleine; MALAMOUD, Charles. *Le Sacrifice dans l'Inde Ancienne.* Vol. 79. Louvain-Paris: Peeters, "Bibliothèque de l'Ecole des Hautes Études. Sciences Religieuses", 1996.

Bíblia de Jerusalém. São Paulo: Paulus, 2002.

BURKERT, Walter. *Homo Necans.* Berlim: De Gruyter, 1972.

HOCART, Arthur Maurice. *Kings and Councillors.* Chicago: The University of Chicago, 1970.

GIRARD, René. *A Violência e o Sagrado.* Rio de Janeiro: Paz e Terra, 1990.

HEESTERMAN, J. C. *The Broken World of Sacrifice.* Chicago: The University of Chicago, 1985.

HUBERT, Henri; MAUSS, Marcel. "Essai sur la Nature et Fonction du Sacrifice". In: MAUSS, Marcel. *Oeuvres.* Paris: Editions de Minuit, 1968, vol. I, p. 193-354.

LÉVI, Sylvain. *La Doctrine du Sacrifice dans les Brahmanas.* Paris: Presses Universitaires de France, "Bibliothèque de l'Ecole des Hautes Études. Sciences Religieuses", vol. 73, 1966.

breve explicação

Arnaldo Momigliano inspira nossa tarefa, já que a alquimia dos antiquários jamais se realizou: nenhum catálogo esgota a pluralidade do mundo e muito menos a dificuldade de uma questão complexa como a teoria mimética.

O cartógrafo borgeano conheceu constrangimento semelhante, como Jorge Luis Borges revelou no poema "La Luna". Como se sabe, o cartógrafo não pretendia muito, seu projeto era modesto: "cifrar el universo / En un libro". Ao terminá-lo, levantou os olhos "con ímpetu infinito", provavelmente surpreso com o poder de palavras e compassos. No entanto, logo percebeu que redigir catálogos, como produzir livros, é uma tarefa infinita:

> Gracias iba a rendir a la fortuna
> Cuando al alzar los ojos vio un bruñido
> Disco en el aire y comprendió aturdido
> Que se había olvidado de la luna.

Nem antiquários, tampouco cartógrafos: portanto, estamos livres para apresentar ao público brasileiro uma cronologia que não se pretende exaustiva da vida e da obra de René Girard.

Com o mesmo propósito, compilamos uma bibliografia sintética do pensador francês, privilegiando os livros publicados. Por isso, não mencionamos a grande quantidade de ensaios e capítulos de livros que escreveu, assim como de entrevistas que concedeu. Para o leitor interessado numa relação completa de sua vasta produção, recomendamos o banco de dados organizado pela Universidade de Innsbruck: http://www.uibk.ac.at/rgkw/mimdok/suche/index.html.en.

De igual forma, selecionamos livros e ensaios dedicados, direta ou indiretamente, à obra de René Girard, incluindo os títulos que sairão na Biblioteca René Girard. Nosso objetivo é estimular o convívio reflexivo com a teoria mimética. Ao mesmo tempo, desejamos propor uma coleção cujo aparato crítico estimule novas pesquisas.

Em outras palavras, o projeto da Biblioteca René Girard é também um convite para que o leitor venha a escrever seus próprios livros acerca da teoria mimética.

cronologia de René Girard

René Girard nasce em Avignon (França) no dia 25 de dezembro de 1923; o segundo de cinco filhos. Seu pai trabalha como curador do Museu da Cidade e do famoso "Castelo dos Papas". Girard estuda no liceu local e recebe seu *baccalauréat* em 1940.
De 1943 a 1947 estuda na École des Chartes, em Paris, especializando-se em história medieval e paleografia. Defende a tese *La Vie Privée à Avignon dans la Seconde Moitié du XVme Siècle*.
Em 1947 René Girard deixa a França e começa um doutorado em História na Universidade de Indiana, Bloomington, ensinando Literatura Francesa na mesma universidade. Conclui o doutorado em 1950 com a tese *American Opinion on France, 1940-1943*.
No dia 18 de junho de 1951, Girard casa-se com Martha McCullough. O casal tem três filhos: Martin, Daniel e Mary.
Em 1954 começa a ensinar na Universidade Duke e, até 1957, no Bryn Mawr College.
Em 1957 torna-se professor assistente de Francês na Universidade Johns Hopkins, em Baltimore.
Em 1961 publica seu primeiro livro, *Mensonge Romantique et Vérité Romanesque*, expondo os princípios da teoria do desejo mimético.

Em 1962 torna-se professor associado na Universidade Johns Hopkins.
Organiza em 1962 *Proust: A Collection of Critical Essays*, e, em 1963, publica *Dostoïevski, du Double à l'Unité*.
Em outubro de 1966, em colaboração com Richard Macksey e Eugenio Donato, organiza o colóquio internacional "The Languages of Criticism and the Sciences of Man". Nesse colóquio participam Lucien Goldmann, Roland Barthes, Jacques Derrida, Jacques Lacan, entre outros. Esse encontro é visto como a introdução do estruturalismo nos Estados Unidos. Nesse período, Girard desenvolve a noção do assassinato fundador.
Em 1968 tranfere-se para a Universidade do Estado de Nova York, em Buffalo, e ocupa a direção do Departamento de Inglês. Principia sua colaboração e amizade com Michel Serres. Começa a interessar-se mais seriamente pela obra de Shakespeare.
Em 1972 publica *La Violence et le Sacré*, apresentando o mecanismo do bode expiatório. No ano seguinte, a revista *Esprit* dedica um número especial à obra de René Girard.
Em 1975 retorna à Universidade Johns Hopkins.
Em 1978, com a colaboração de Jean-Michel Oughourlian e Guy Lefort, dois psiquiatras franceses, publica seu terceiro livro, *Des Choses Cachées depuis la Fondation du Monde*. Trata-se de um longo e sistemático diálogo sobre a teoria mimética compreendida em sua totalidade.
Em 1980, na Universidade Stanford, recebe a "Cátedra Andrew B. Hammond" em Língua, Literatura e Civilização Francesa. Com a colaboração de Jean-Pierre Dupuy, cria e dirige o "Program for Interdisciplinary Research", responsável pela realização de importantes colóquios internacionais.

Em 1982 publica *Le Bouc Émissaire* e, em 1985, *La Route Antique des Hommes Pervers*. Nesses livros, Girard principia a desenvolver uma abordagem hermenêutica para uma leitura dos textos bíblicos com base na teoria mimética.

Em junho de 1983, no Centre Culturel International de Cerisy-la-Salle, Jean-Pierre Dupuy e Paul Dumouchel organizam o colóquio "Violence et Vérité. Autour de René Girard". Os "Colóquios de Cerisy" representam uma referência fundamental na recente história intelectual francesa.

Em 1985 recebe, da Frije Universiteit de Amsterdã, o primeiro de muitos doutorados *honoris causa*. Nos anos seguintes, recebe a mesma distinção da Universidade de Innsbruck, Áustria (1988); da Universidade de Antuérpia, Bélgica (1995); da Universidade de Pádua, Itália (2001); da Universidade de Montreal, Canadá (2004); da University College London, Inglaterra (2006); da Universidade de St Andrews, Escócia (2008).

Em 1990 é criado o Colloquium on Violence and Religion (COV&R). Trata-se de uma associação internacional de pesquisadores dedicada ao desenvolvimento e à crítica da teoria mimética, especialmente no tocante às relações entre violência e religião nos primórdios da cultura. O Colloquium on Violence and Religion organiza colóquios anuais e publica a revista *Contagion*. Girard é o presidente honorário da instituição. Consulte-se a página: http://www.uibk.ac.at/theol/cover/.

Em 1990 visita o Brasil pela primeira vez: encontro com representantes da Teologia da Libertação, realizado em Piracicaba, São Paulo.

Em 1991 Girard publica seu primeiro livro escrito em inglês: *A Theatre of Envy: William Shakespeare* (Oxford University Press). O livro recebe o "Prix Médicis", na França.

Em 1995 aposenta-se na Universidade Stanford.
Em 1999 publica *Je Vois Satan Tomber comme l'Éclair*. Desenvolve a leitura antropológica dos textos bíblicos com os próximos dois livros: *Celui par qui le Scandale Arrive* (2001) e *Le Sacrifice* (2003).
Em 2000 visita o Brasil pela segunda vez: lançamento de *Um Longo Argumento do Princípio ao Fim. Diálogos com João Cezar de Castro Rocha e Pierpaolo Antonello*.
Em 2004 recebe o "Prix Aujourd'hui" pelo livro *Les Origines de la Culture. Entretiens avec Pierpaolo Antonello et João Cezar de Castro Rocha*.
Em 17 de março de 2005 René Girard é eleito para a Académie Française. O "Discurso de Recepção" foi feito por Michel Serres em 15 de dezembro. No mesmo ano, cria-se em Paris a Association pour les Recherches Mimétiques (ARM).
Em 2006 René Girard e Gianni Vattimo dialogam sobre cristianismo e modernidade: *Verità o Fede Debole? Dialogo su Cristianesimo e Relativismo*.
Em 2007 publica *Achever Clausewitz*, um diálogo com Benoît Chantre. Nessa ocasião, desenvolve uma abordagem apocalíptica da história.
Em outubro de 2007, em Paris, é criada a "Imitatio. Integrating the Human Sciences", (http://www.imitatio.org/), com apoio da Thiel Foundation. Seu objetivo é ampliar e promover as consequências da teoria girardiana sobre o comportamento humano e a cultura. Além disso, pretende apoiar o estudo interdisciplinar da teoria mimética. O primeiro encontro da Imitatio realiza-se em Stanford, em abril de 2008.
Em 2008 René Girard recebe a mais importante distinção da Modern Language Association (MLA): "Lifetime Achievement Award".

bibliografia de René Girard

Mensonge Romantique et Vérité Romanesque. Paris: Grasset, 1961. [*Mentira Romântica e Verdade Romanesca*. Trad. Lília Ledon da Silva. São Paulo: Editora É, 2009.]
Proust: A Collection of Critical Essays. Englewood Cliffs: Prentice Hall, 1962.
Dostoïevski, du Double à l'Unité. Paris: Plon, 1963. (Este livro será publicado na Biblioteca René Girard)
La Violence et le Sacré. Paris: Grasset, 1972.
Critique dans un Souterrain. Lausanne: L'Age d'Homme, 1976.
To Double Business Bound: Essays on Literature, Mimesis, and Anthropology. Baltimore: Johns Hopkins University Press, 1978. (Este livro será publicado na Biblioteca René Girard)
Des Choses Cachées depuis la Fondation du Monde. Pesquisas com Jean-Michel Oughourlian e Guy Lefort. Paris: Grasset, 1978.
Le Bouc Émissaire. Paris: Grasset, 1982.
La Route Antique des Hommes Pervers. Paris: Grasset, 1985.
Violent Origins: Walter Burkert, René Girard, and Jonathan Z. Smith on Ritual Killing and Cultural Formation. Org. Robert Hamerton-Kelly. Stanford: Stanford University Press, 1988. (Este livro será publicado na Biblioteca René Girard)

A Theatre of Envy: William Shakespeare.
Nova York: Oxford University Press, 1991.
[*Shakespeare: Teatro da Inveja.* Trad. Pedro Sette-Câmara. São Paulo: Editora É, 2010.]
Quand ces Choses Commenceront... Entretiens avec Michel Treguer. Paris: Arléa, 1994. (Este livro será publicado na Biblioteca René Girard)
The Girard Reader. Org. James G. Williams. Nova York: Crossroad, 1996.
Je Vois Satan Tomber comme l'Éclair. Paris: Grasset, 1999.
Um Longo Argumento do Princípio ao Fim. Diálogos com João Cezar de Castro Rocha e Pierpaolo Antonello. Rio de Janeiro: Topbooks, 2000. Este livro, escrito em inglês, foi publicado, com algumas modificações, em italiano, espanhol, polonês, japonês, coreano, tcheco e francês. Na França, em 2004, recebeu o "Prix Aujourd'hui".
Celui par Qui le Scandale Arrive: Entretiens avec Maria Stella Barberi. Paris: Desclée de Brouwer, 2001. (Este livro será publicado na Biblioteca René Girard)
La Voix Méconnue du Réel: Une Théorie des Mythes Archaïques et Modernes. Paris: Grasset, 2002. (Este livro será publicado na Biblioteca René Girard)
Il Caso Nietzsche. La Ribellione Fallita dell'Anticristo. Com colaboração e edição de Giuseppe Fornari. Gênova: Marietti, 2002.
Le Sacrifice. Paris: Bibliothèque Nationale de France, 2003. (Este livro será publicado na Biblioteca René Girard)
Oedipus Unbound: Selected Writings on Rivalry and Desire. Org. Mark R. Anspach. Stanford: Stanford University Press, 2004.
Miti d'Origine. Massa: Transeuropa Edizioni, 2005. (Este livro será publicado na Biblioteca René Girard)
Verità o Fede Debole. Dialogo su Cristianesimo e Relativismo. Com Gianni Vattimo. Org. Pierpaolo Antonello. Massa: Transeuropa Edizioni, 2006.

Achever Clausewitz (Entretiens avec Benoît Chantre). Paris: Carnets Nord, 2007. (Este livro será publicado na Biblioteca René Girard)
Le Tragique et la Pitié: Discours de Réception de René Girard à l'Académie Française et Réponse de Michel Serres. Paris: Editions le Pommier, 2007. (Este livro será publicado na Biblioteca René Girard)
De la Violence à la Divinité. Paris: Grasset, 2007. Reunião dos principais livros de Girard publicados pela Editora Grasset, acompanhada de uma nova introdução para todos os títulos. O volume inclui *Mensonge Romantique et Vérité Romanesque*, *La Violence et le Sacré*, *Des Choses Cachées depuis la Fondation du Monde* e *Le Bouc Émissaire*.
Dieu, une Invention?. Com André Gounelle e Alain Houziaux. Paris: Editions de l'Atelier, 2007. (Este livro será publicado na Biblioteca René Girard)
Evolution and Conversion. Dialogues on the Origins of Culture. Com Pierpaolo Antonello e João Cezar de Castro Rocha. Londres: The Continuum, 2008. (Este livro será publicado na Biblioteca René Girard)
Anorexie et Désir Mimétique. Paris: L'Herne, 2008. (Este livro será publicado na Biblioteca René Girard)
Mimesis and Theory: Essays on Literature and Criticism, 1953-2005. Org. Robert Doran. Stanford: Stanford University Press, 2008.
La Conversion de l'Art. Paris: Carnets Nord, 2008. Este livro é acompanhado por um DVD, *Le Sens de l'Histoire*, que reproduz um diálogo com Benoît Chantre. (Este livro será publicado na Biblioteca René Girard)
Gewalt und Religion: Gespräche mit Wolfgang Palaver. Berlim: Matthes & Seitz Verlag, 2010.
Géométries du Désir. Prefácio de Mark Anspach. Paris: Ed. de L'Herne, 2011.

bibliografia selecionada sobre René Girard[1]

BANDERA, Cesáreo. *Mimesis Conflictiva: Ficción Literaria y Violencia en Cervantes y Calderón*. (Biblioteca Románica Hispánica – Estudios y Ensayos 221). Prefácio de René Girard. Madri: Editorial Gredos, 1975.

SCHWAGER, Raymund. *Brauchen Wir einen Sündenbock? Gewalt und Erläsung in den Biblischen Schriften*. Munique: Kasel, 1978.

DUPUY, Jean-Pierre e DUMOUCHEL, Paul. *L'Enfer des Choses: René Girard et la Logique de l'Économie*. Posfácio de René Girard. Paris: Le Seuil, 1979.

CHIRPAZ, François. *Enjeux de la Violence: Essais sur René Girard*. Paris: Cerf, 1980.

GANS, Eric. *The Origin of Language: A Formal Theory of Representation*. Berkeley: University of California Press, 1981.

AGLIETTA, M. e ORLÉAN, A. *La Violence de la Monnaie*. Paris: PUF, 1982.

---

[1] Agradecemos a colaboração de Pierpaolo Antonello, do St John's College (Universidade de Cambridge). Nesta bibliografia, adotamos a ordem cronológica em lugar da alfabética a fim de evidenciar a recepção crescente da obra girardiana nas últimas décadas.

OUGHOURLIAN, Jean-Michel. *Un Mime Nomme Desir: Hysterie, Transe, Possession, Adorcisme*. Paris: Éditions Grasset et Fasquelle, 1982. (Este livro será publicado na Biblioteca René Girard)

DUPUY, Jean-Pierre e DEGUY, Michel (orgs.). *René Girard et le Problème du Mal*. Paris: Grasset, 1982.

DUPUY, Jean-Pierre. *Ordres et Désordres*. Paris: Le Seuil, 1982.

FAGES, Jean-Baptiste. *Comprendre René Girard*. Toulouse: Privat, 1982.

MCKENNA, Andrew J. (org.). *René Girard and Biblical Studies (Semeia 33)*. Decatur, GA: Scholars Press, 1985.

CARRARA, Alberto. *Violenza, Sacro, Rivelazione Biblica: Il Pensiero di René Girard*. Milão: Vita e Pensiero, 1985.

DUMOUCHEL, Paul (org.). *Violence et Vérité – Actes du Colloque de Cerisy*. Paris: Grasset, 1985. Tradução para o inglês: *Violence and Truth: On the Work of René Girard*. Stanford: Stanford University Press, 1988.

ORSINI, Christine. *La Pensée de René Girard*. Paris: Retz, 1986.

To Honor René Girard. Presented on the Occasion of his Sixtieth Birthday by Colleagues, Students, Friends. Stanford French and Italian Studies 34. Saratoga, CA: Anma Libri, 1986.

LERMEN, Hans-Jürgen. *Raymund Schwagers Versuch einer Neuinterpretation der Erläsungstheologie im Anschluss an René Girard*. Mainz: Unveräffentlichte Diplomarbeit, 1987.

LASCARIS, André. *Advocaat van de Zondebok: Het Werk van René Girard en het Evangelie van Jezus*. Hilversum: Gooi & Sticht, 1987.

BEEK, Wouter van (org.). *Mimese en Geweld: Beschouwingen over het Werk van René Girard*. Kampen: Kok Agora, 1988.

HAMERTON-KELLY, Robert G. (org.). *Violent Origins: Walter Burkert, Rene Girard, and*

Jonathan Z. Smith on *Ritual Killing and Cultural Formation*. Stanford: Stanford University Press, 1988. (Este livro será publicado na Biblioteca René Girard)

GANS, Eric. *Science and Faith: The Anthropology of Revelation*. Savage, MD: Rowman & Littlefield, 1990.

ASSMANN, Hugo (org.). *René Girard com Teólogos da Libertação: Um Diálogo sobre Ídolos e Sacrifícios*. Petrópolis: Vozes, 1991. Tradução para o alemão: *Gätzenbilder und Opfer: René Girard im Gespräch mit der Befreiungstheologie*. (Beiträge zur mimetischen Theorie 2). Thaur, Münster: Druck u. Verlagshaus Thaur, LIT-Verlag, 1996. Tradução para o espanhol: *Sobre Ídolos y Sacrificios: René Girard con Teólogos de la Liberación*. (Colección Economía-Teología). San José, Costa Rica: Editorial Departamento Ecuménico de Investigaciones, 1991.

ALISON, James. *A Theology of the Holy Trinity in the Light of the Thought of René Girard*. Oxford: Blackfriars, 1991.

RÉGIS, J. P. (org.). *Table Ronde Autour de René Girard*. (Publications des Groupes de Recherches Anglo-américaines 8). Tours: Université François Rabelais de Tours, 1991.

WILLIAMS, James G. *The Bible, Violence, and the Sacred: Liberation from the Myth of Sanctionated Violence*. Prefácio de René Girard. San Francisco: Harper, 1991.

LUNDAGER JENSEN, Hans Jürgen. *René Girard*. (Profil-Serien 1). Frederiksberg: Forlaget Anis, 1991.

HAMERTON-KELLY, Robert G. *Sacred Violence: Paul's Hermeneutic of the Cross*. Minneapolis: Augsburg Fortress, 1992. (Este livro será publicado na Biblioteca René Girard)

MCKENNA, Andrew J. (org.). *Violence and Difference: Girard, Derrida, and Deconstruction*. Chicago: University of Illinois Press, 1992.

LIVINGSTON, Paisley. *Models of Desire: René Girard and the Psychology of Mimesis.* Baltimore: The Johns Hopkins University Press, 1992.

LASCARIS, André e WEIGAND, Hans (orgs.). *Nabootsing: In Discussie over René Girard.* Kampen: Kok Agora, 1992.

GOLSAN, Richard J. *René Girard and Myth: An Introduction.* Nova York e Londres: Garland, 1993 (Nova York: Routledge, 2002). (Este livro será publicado na Biblioteca René Girard)

GANS, Eric. *Originary Thinking: Elements of Generative Anthropology.* Stanford: Stanford University Press, 1993.

HAMERTON-KELLY, Robert G. *The Gospel and the Sacred: Poetics of Violence in Mark.* Prefácio de René Girard. Minneapolis: Fortress Press, 1994.

BINABURO, J. A. Bakeaz (org.). *Pensando en la Violencia: Desde Walter Benjamin, Hannah Arendt, René Girard y Paul Ricoeur.* Centro de Documentación y Estudios para la Paz. Madri: Libros de la Catarata, 1994.

McCRACKEN, David. *The Scandal of the Gospels: Jesus, Story, and Offense.* Oxford: Oxford University Press, 1994.

WALLACE, Mark I. e SMITH, Theophus H. *Curing Violence: Essays on René Girard.* Sonoma, CA: Polebridge Press, 1994.

BANDERA, Cesáreo. *The Sacred Game: The Role of the Sacred in the Genesis of Modern Literary Fiction.* University Park: Pennsylvania State University Press, 1994. (Este livro será publicado na Biblioteca René Girard)

ALISON, James. *The Joy of Being Wrong: An Essay in the Theology of Original Sin in the Light of the Mimetic Theory of René Girard.* Santiago de Chile: Instituto Pedro de Córdoba, 1994. (Este livro será publicado na Biblioteca René Girard)

LAGARDE, François. *René Girard ou la Christianisation des Sciences Humaines*. Nova York: Peter Lang, 1994.

TEIXEIRA, Alfredo. *A Pedra Rejeitada: O Eterno Retorno da Violência e a Singularidade da Revelação Evangélica na Obra de René Girard*. Porto: Universidade Católica Portuguesa, 1995.

BAILIE, Gil. *Violence Unveiled: Humanity at the Crossroads*. Nova York: Crossroad, 1995.

TOMELLERI, Stefano. *René Girard. La Matrice Sociale della Violenza*. Milão: F. Angeli, 1996.

GOODHART, Sandor. *Sacrificing Commentary: Reading the End of Literature*. Baltimore: Johns Hopkins University Press, 1996.

PELCKMANS, Paul e VANHEESWIJCK, Guido. *René Girard, het Labyrint van het Verlangen: Zes Opstellen*. Kampen/Kapellen: Kok Agora/Pelcckmans, 1996.

GANS, Eric. *Signs of Paradox: Irony, Resentment, and Other Mimetic Structures*. Stanford: Stanford University Press, 1997.

SANTOS, Laura Ferreira dos. *Pensar o Desejo: Freud, Girard, Deleuze*. Braga: Universidade do Minho, 1997.

GROTE, Jim e McGEENEY, John R. *Clever as Serpents: Business Ethics and Office Politics*. Minnesota: Liturgical Press, 1997. (Este livro será publicado na Biblioteca René Girard)

FEDERSCHMIDT, Karl H.; ATKINS, Ulrike; TEMME, Klaus (orgs.). *Violence and Sacrifice: Cultural Anthropological and Theological Aspects Taken from Five Continents*. Intercultural Pastoral Care and Counseling 4. Düsseldorf: SIPCC, 1998.

SWARTLEY, William M. (org.). *Violence Renounced: René Girard, Biblical Studies and Peacemaking*. Telford: Pandora Press, 2000.

FLEMING, Chris. *René Girard: Violence and Mimesis*. Cambridge: Polity, 2000.

ALISON, James. *Faith Beyond Resentment: Fragments Catholic and Gay*. Londres: Darton, Longman & Todd, 2001. Tradução para o português: *Fé Além do Ressentimento: Fragmentos Católicos em Voz Gay*. São Paulo: Editora É, 2010.

ANSPACH, Mark Rogin. *A Charge de Revanche: Figures Élémentaires de la Réciprocité*. Paris: Editions du Seuil, 2002. (Este livro será publicado na Biblioteca René Girard)

GOLSAN, Richard J. *René Girard and Myth*. Nova York: Routledge, 2002. (Este livro será publicado na Biblioteca René Girard)

DUPUY, Jean-Pierre. *Pour un Catastrophisme Éclairé. Quand l'Impossible est Certain*. Paris: Editions du Seuil, 2002. (Este livro será publicado na Biblioteca René Girard)

JOHNSEN, William A. *Violence and Modernism: Ibsen, Joyce, and Woolf*. Gainesville, FL: University Press of Florida, 2003. (Este livro será publicado na Biblioteca René Girard)

KIRWAN, Michael. *Discovering Girard*. Londres: Darton, Longman & Todd, 2004. (Este livro será publicado na Biblioteca René Girard)

BANDERA, Cesáreo. *Monda y Desnuda: La Humilde Historia de Don Quijote. Reflexiones sobre el Origen de la Novela Moderna*. Madri: Iberoamericana, 2005. (Este livro será publicado na Biblioteca René Girard)

VINOLO, Stéphane. *René Girard: Du Mimétisme à l'Hominisation, la Violence Différante*. Paris: L'Harmattan, 2005. (Este livro será publicado na Biblioteca René Girard)

INCHAUSTI, Robert. *Subversive Orthodoxy: Outlaws, Revolutionaries, and Other Christians in Disguise*. Grand Rapids, MI: Brazos Press, 2005. (Este livro será publicado na Biblioteca René Girard)

Fornari, Giuseppe. *Fra Dioniso e Cristo. Conoscenza e Sacrificio nel Mondo Greco e nella Civiltà Occidentale*. Gênova-Milão: Marietti, 2006. (Este livro será publicado na Biblioteca René Girard)

Andrade, Gabriel. *La Crítica Literaria de René Girard*. Mérida: Universidad del Zulia, 2007.

Hamerton-Kelly, Robert G. (org.). *Politics & Apocalypse*. East Lansing, MI: Michigan State University Press, 2007. (Este livro será publicado na Biblioteca René Girard)

Lance, Daniel. *Vous Avez Dit Elèves Difficiles? Education, Autorité et Dialogue*. Paris, L'Harmattan, 2007. (Este livro será publicado na Biblioteca René Girard)

Vinolo, Stéphane. *René Girard: Épistémologie du Sacré*. Paris: L'Harmattan, 2007. (Este livro será publicado na Biblioteca René Girard)

Oughourlian, Jean-Michel. *Genèse du Désir*. Paris: Carnets Nord, 2007. (Este livro será publicado na Biblioteca René Girard)

Alberg, Jeremiah. *A Reinterpretation of Rousseau: A Religious System*. Nova York: Palgrave Macmillan, 2007. (Este livro será publicado na Biblioteca René Girard)

Dupuy, Jean-Pierre. *Dans l'Oeil du Cyclone – Colloque de Cerisy*. Paris: Carnets Nord, 2008. (Este livro será publicado na Biblioteca René Girard)

Dupuy, Jean-Pierre. *La Marque du Sacré*. Paris: Carnets Nord, 2008. (Este livro será publicado na Biblioteca René Girard)

Anspach, Mark Rogin (org.). *René Girard*. Les Cahiers de l'Herne n. 89. Paris: L'Herne, 2008. (Este livro será publicado na Biblioteca René Girard)

Depoortere, Frederiek. *Christ in Postmodern Philosophy: Gianni Vattimo, Rene Girard, and Slavoj Zizek*. Londres: Continuum, 2008.

PALAVER, Wolfgang. *René Girards Mimetische Theorie. Im Kontext Kulturtheoretischer und Gesellschaftspolitischer Fragen*. 3. Auflage. Münster: LIT, 2008.

BARBERI, Maria Stella (org.). *Catastrofi Generative - Mito, Storia, Letteratura*. Massa: Transeuropa Edizioni, 2009. (Este livro será publicado na Biblioteca René Girard)

ANTONELLO, Pierpaolo e BUJATTI, Eleonora (orgs.). *La Violenza Allo Specchio. Passione e Sacrificio nel Cinema Contemporaneo*. Massa: Transeuropa Edizioni, 2009. (Este livro será publicado na Biblioteca René Girard)

RANIERI, John J. *Disturbing Revelation - Leo Strauss, Eric Voegelin, and the Bible*. Columbia, MO: University of Missouri Press, 2009. (Este livro será publicado na Biblioteca René Girard)

GOODHART, Sandor; JORGENSEN, J.; RYBA, T.; WILLIAMS, J. G. (orgs.). *For René Girard. Essays in Friendship and in Truth*. East Lansing, MI: Michigan State University Press, 2009.

ANSPACH, Mark Rogin. *Oedipe Mimétique*. Paris: Éditions de L'Herne, 2010. (Este livro será publicado na Biblioteca René Girard)

MENDOZA-ÁLVAREZ, Carlos. *El Dios Escondido de la Posmodernidad. Deseo, Memoria e Imaginación Escatológica. Ensayo de Teología Fundamental Posmoderna*. Guadalajara: ITESO, 2010. (Este livro será publicado na Biblioteca René Girard)

ANDRADE, Gabriel. *René Girard: Un Retrato Intelectual*. 2010. (Este livro será publicado na Biblioteca René Girard)

índice analítico

Anarquismo, 29
Antissacrificial
 conhecimento, 19
Antropologia
 método comparativo
  em, 12
 religiosa, 60
Apetite, 52
Ascetismo, 25, 28, 50
Assassinato
 fundador, 13, 63, 67
 efeitos benéficos
  do, 68
 imitação do, 64
Autonomia
 ilusão de, 52
Bode expiatório, 63,
 78, 81, 99, 113
 antropologia do, 99
 conceito de, 101
 fenômeno do, 68,
  78
 mecanismo do, 63,
  79-80, 82, 86, 89,
  91, 111
 noção moderna
  de, 90
 paradoxo do, 108
 perfeição do, 99

ritos de, 64
suplício do, 100
unânime, 86
Budismo, 25, 27, 29,
 86, 115
Canibalismo
 tupinambá, 16
Catarse, 100
Ceticismo, 82
Cinismo, 91
Comparação
 interreligiosa, 22
Contágio
 mimético, 103
Coqueteria, 24, 56,
 59-60
Cordeiro de Deus
 como bode
  expiatório, 113
Crise
 mimética, 69, 86, 94
Cristianismo, 19, 21,
 25-26, 96, 108
 e revolução cultural,
  114
 histórico, 30
 interpretação
  nietzschiana do,
  29

singularidade do,
 97, 100
Crucificação, 97-98,
 106
 espectadores da, 97
 relatos da, 103, 107
Desconstrução, 39
Desejo, 22, 24, 52
 caráter aquisitivo
  do, 24
 caráter mimético
  do, 52
 como fenômeno
  social, 52
 como força
  primitiva, 22
 crença na
  espontaneidade
  do, 53
 dimensão aquisitiva
  do, 23
 mimético, 26, 51,
  52-53, 56, 58,
  60-61
 papel do, 31
 problema do, 24
 supressão do, 25
Dessacralização
 antivitimária, 11

índice analítico 143

e tradição judaico-
    cristã, 11
    processo de, 11
Dessubjetivação
    processo de, 29
Dharma, 30
Diálogo
    inter-religioso, 31
Diasparagmos, 17, 73
Dom, 23
Drama
    sacrificial, 96
Duplo, 23, 72
Escalada
    mimética, 48, 50,
    62, 96
    e sacrifício, 67,
    118-19
Escândalo, 20
Esnobismo
    do nada, 39
    proustiano, 24, 59
Especialização, 39
Estruturalismo, 76
Ética
    do distanciamento, 25
    não violenta, 31
Etnocentrismo, 38, 69
    ocidental, 38
Eucaristia, 20
    resistência à, 20
Evidência
    indireta, 80
Fascismo, 29
Fé
    essência da, 29
Filosofia
    oriental, 26
Grande narrativa
    resistência à, 15
Hipermimetismo
    humano, 70
História
    sentido da, 12

Historiografia
    mimética, 19
Homem
    unidade do, 37-38
Humanidade
    origem da, 113
    origem religiosa
    da, 93
    origem sacrificial
    da, 93
Iluminismo, 53
Imitação, 51, 94
    como motor da
    rivalidade, 51
Incesto, 78, 80, 82-85,
    102
Indiferença, 58
Indiferenciação, 53, 63
    mítica, 53
Individualistas, 60
Interpretação
    figural, 13
    mimética, 110
Intertextualidade
    e escrituras, 14
Invenção, 55
Jainismo, 21, 27
Jesus
    divindade de, 105
Jogo
    como processo
    vitimário, 16
Judaísmo, 108, 119
Linchamento
    coletivo, 28
    fundador
    unanimidade do,
    84
    unânime, 33
Logos
    cristão
    originalidade do,
    112
    joanino, 112

Maniqueísmo, 27
Mecanismo
    vitimário, 56, 62,
    67, 70, 91
    como origem da
    cultura, 14
Méconnaissance, 28,
    91
Mímesis
    da apropriação, 24
Mimetismo, 26, 50,
    53, 63, 77, 93, 99
    e violência, 10
    funcionamento do,
    99
    na multidão, 97
    violento, 98, 101
Misticismo
    budista, 28
Mito, 13, 34
    arcaico, 53
    de Édipo, 78, 83, 96,
    102, 104, 121
    leitura freudiana
    do, 83
    dimensão
    transcendental
    do, 79
    e sistema sacrificial,
    107
    fundador, 53, 71,
    95, 106
    gênese do, 79
    védico, 13
Mitologia
    mentira da, 103
Modelo, 52
    de piedade, 115
Modelo-rival, 23
Modernismo, 60
Morfologia
    comparada, 17-18
Multidão
    perspectiva da, 104

144 o sacrifício

Não violência, 26, 28
papel da, 26
Niilismo, 39
Objeto, 48, 51
  como abstração, 48
  como pretexto para
    a rivalidade, 49
  desejo do, 62
  e desejo, 51
Oralidade, 15
Orfismo, 21
Padrão
  de dominância,
    70, 94
Paganismo, 21
Paixão
  como sacrifício, 34
Paradoxo, 109
Parricídio, 78, 80, 82,
  102
Pensamento
  arcaico, 70
Politeísmo, 22
Politicamente
  correto, 12, 98
Pós-colonialismo, 39
Positivismo, 104
Pós-modernismo, 12
compensatório, 27
Potlatch, 23
Povo
  sacrificial, 68
Realismo
  girardiano, 113
Reciprocidade, 51
  violenta, 53
Redenção
  noção cristã de, 34
Relativismo, 12, 94
Religião
  mítica, 105
  oriental, 25
Religiosamente
  correto, 78

Religioso
  arcaico, 69, 102
  função social do, 69
  violência do, 40
  desprezo atual pelo,
    94
  estudo do, 69
  ignorância moderna
    do, 95
  natureza mimética
    do, 78
  origem do, 113
  origem vulcânica
    do, 75
  sentido da evolução
    do, 80
  unidade do, 38
  universalidade do,
    69
  védico, 95
Ressurreição, 85
Revelação
  cristã, 21, 109-10
  judaica, 109
  progressiva, 20
Rito, 13
  de passagem, 68
  sacrificial, 43
Ritualismo
  bramânico, 13, 23
Rival
  mimético, 86
Rivalidade, 23, 46-49,
  53-54
  mimética, 10, 59,
    70, 93
Romance, 21
Sacrifício, 14, 22, 47,
  49, 51, 54, 60
  ambivalência do,
    41-42
  comentários védicos
    sobre o, 67
  como enigma, 33

  como instituição
    primordial, 93
  como mecanismo
    todo-poderoso,
    116
  como princípio
    unificador, 44
  como processo de
    repetições, 68
  condição de
    possibilidade do,
    86
  crítica do, 119-20
  deus do, 81
  dionisíaco, 73
  e cultura indo-
    europeia, 16
  e cultura védica, 15
  enigma do, 38
  e revelação, 19
  essência do, 41
  e textos indianos, 9
  função do, 37, 63,
    88
  fundamento da
    teoria mimética
    do, 93
  geografia do, 14, 18
  história do, 19
  humano, 42
  regressão para o,
    120
  imperial, 119
  interrompido, 14
  invenção do, 55
  negação do, 33
  primordial, 81
  propaganda do, 62
  repúdio budista
    do, 35
  repúdio do, 35
  ritual, 41, 55, 65, 93
    invenção do, 64,
    68

índice analítico 145

universalidade do, 94
védico, 41, 47, 64, 89
sátira do, 120
Sagrado, 68
  arcaico, 19
  ambivalência do, 68
Satanás
  como acusador, 107
Sedução
  jogo de, 24
Sinal
  vitimário, 106
Sistema
  de castas, 22, 43, 61, 75
  sacrificial arcaico, 46
Substituição
  mecanismo de, 89
Teologia, 15
Teoria
  mimética, 62, 67, 71, 83
  como durkheimismo radicalizado, 75
  como resistência à, 53
  e Bramanismo, 34
  e desmistificação do mito, 86
  inspiração científica da, 67
  o bíblico na, 95
  rejeição à, 33
Tradição
  védica, 35, 114
  e inspiração antissacrificial, 115
  e inspiração não sacrificial, 115

Transcendência, 70
Tradição judaico-cristã, 11, 26, 37, 92
Unanimidade
  mimética, 98, 105
Védica
  cultura, 9-10, 14, 22, 23
  cultura ritual, 28
Vingança, 33
Violência, 40
  fundadora, 79
  mimética, 33
  religiosa, 40
  representação literária da, 40
  ritual, 10
  sacrificial, 28
Vítima
  ambivalência da, 63, 78
  fundadora, 78
  inocência da, 10, 28, 67, 82, 105-06
  real, 33, 82
  sacrificial, 28, 88
  hierarquia da, 43
  substituição da, 28
  substituta, 22, 64, 87-88, 90, 93
  única, 107, 112
Vitimização
  mito de, 16

índice onomástico

Benveniste, Émile, 16
Biardeau, Madeleine, 71
Bocchi, Gianluca, 18-19
Boyer, Pascal, 12
Caifás, 111
Calasso, Roberto, 27
Celso, 21, 96
Ceruti, Mauro, 18-19
Clifford, James, 12
Daly, Robert J., 30
Dechend, Hertha von, 17-18
Dumézil, Georges, 16
Durkheim, Émile, 39, 75
Eurípides, 20
Evans-Pritchard, E. E., 12
Fornari, Giuseppe, 13, 17, 21-22
Frazer, James, 13, 64
Freud, Sigmund, 103, 138
Geertz, Clifford, 12
Gellner, Ernest, 12
Ginzburg, Carlo, 18
Grottanelli, Cristiano, 15

Herodes, 99-100
Hocart, Arthur Maurice, 13, 16, 121, 123
Hölderlin, Friedrich, 121
Homero, 20, 40, 44
Hubert, Henri, 38, 45
Ives, Christopher, 30
Jesus Cristo, 13, 19, 20-21, 25, 34-35, 96-100, 102, 105, 110-13
Lash, Nicholas, 24-25
Lévi-Strauss, Claude, 10, 37, 39, 45-47, 49-50, 56, 59, 76, 81, 84-85, 87, 115, 123
Lévi, Sylvain, 10, 37, 45-47, 50, 56, 59, 81, 84-85, 87, 115
Lipner, Julius, 24
Maistre, Joseph de, 41
Malamoud, Charles, 71
Malinowski, Bronisław, 13
Mauss, Marcel, 23, 38, 45

Nietzsche, Friedrich, 109, 132
O'Flaherty, Wendy Doniger, 11
Parise, Nicola F., 15
Pilatos, Poncio, 98-100
Platão, 20, 40, 44
Porfírio, 20
Renou, Louis, 11, 45, 71
Santillana, Giorgio de, 17-18
São Lucas, 97, 99-100, 111
São Pedro, 98-99, 110
Sargeant, Winthrop, 24
Saussure, Ferdinand de, 39
Sette-Câmara, Pedro, 132
Sófocles, 83, 121
Sperber, Dan, 12
Tomelleri, Stefano, 16
Victoria, Brian A., 29-30
Whitehouse, Harvey, 12
Zaehner, Robert C., 25
Žižek, Slavoj, 29

biblioteca René Girard*
coordenação João Cezar de Castro Rocha

Dostoiévski: do duplo à unidade
René Girard

Anorexia e desejo mimético
René Girard

A conversão da arte
René Girard

René Girard: um retrato intelectual
Gabriel Andrade

Rematar Clausewitz: além *Da Guerra*
René Girard e Benoît Chantre

Evolução e conversão
René Girard, Pierpaolo Antonello e João Cezar de Castro Rocha

O tempo das catástrofes
Jean-Pierre Dupuy

"Despojada e despida": a humilde história de Dom Quixote
Cesáreo Bandera

Descobrindo Girard
Michael Kirwan

Violência e modernismo: Ibsen, Joyce e Woolf
William A. Johnsen

Quando começarem a acontecer essas coisas
René Girard e Michel Treguer

Espertos como serpentes
Jim Grote e John McGeeney

O pecado original à luz da ressurreição
James Alison

Violência sagrada
Robert Hamerton-Kelly

Aquele por quem o escândalo vem
René Girard

O Deus escondido da pós-modernidade
Carlos Mendoza-Álvarez

Deus: uma invenção?
René Girard, André Gounelle e Alain Houziaux

Teoria mimética: a obra de René Girard (6 aulas)
João Cezar de Castro Rocha

René Girard: do mimetismo à hominização
Stéphane Vinolo

O sacrifício
René Girard

O trágico e a piedade
René Girard e Michel Serres

* A Biblioteca reunirá cerca de 60 livros e os títulos acima serão os primeiros publicados.

Dados Internacionais de Catalogação na Publicação (CIP)
(Câmara Brasileira do Livro, SP, Brasil)

Girard, René
   O sacrifício / René Girard; tradução Margarita Maria Garcia Lamelo. – São Paulo:
É Realizações, 2011.

Título original: Le sacrifice
ISBN 978-85-8033-052-6

1. Bramanismo - Crítica e interpretação 2. Sacrifício - Hinduísmo - História das doutrinas 3. Sacrifício na Bíblia I. Título.

11-08969   CDD-203.42

Índices para catálogo sistemático:
1. Sacrifício: Bramanismo: Hinduísmo: Interpretação e crítica   203.42

Este livro foi impresso pela Prol Editora Gráfica para É Realizações, em agosto de 2011. Os tipos usados são da família Rotis Serif Std e Rotis Semi Sans Std. O papel do miolo é pólem bold 90g, e o da capa, cartão supremo 300g.